いい男は「や行」でねぎらう いい女は「は行」で癒す

黒川伊保子

宝島社新書

編集協力・加藤真理
本文デザイン・ヤマザキミヨコ（ソルト）
本文ＤＴＰ・伊草亜希子（ソルト）

序章　ことばの本当の力

語感の秘密の入り口に、ようこそ。

まずは、あなたに、質問です。

ミルとマルは、北欧のある国でのテーブルの呼び名。この国では、大きなテーブルと小さなテーブルでは呼び名が違うのですが……さて、ミルとマル、どちらが大テーブルで、どちらが小テーブルだと思いますか？

心理学の領域で、長く語られている命題「ブーバ・キキ効果」をご存じでしょうか。

それは、被験者に図①②を見せ、「これらの図形には名まえがあり、片方はブーバ、片方はキキと呼ばれています。あなたは、どちらがどの名まえだと思いますか？」と尋ねる実験です。

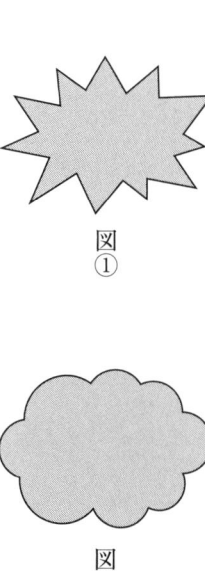

図①

図②

すると、大多数の人が、ギザギザの①をキキ、雲型の②をブーバと答える、というもの。

一九二九年に心理学者ヴォルフガング・ケーラーが提唱して以来、多くの心理学徒がこの実証に挑んでいますが、実に九八％以上の被験者（しかも使用言語や年齢によらず）が、こう答えるといいます。

同様に、扉の質問「ミルとマル、どっちが大テーブル？」にも、大多数の人が「大テーブルがマルで、小テーブルがミル」と答えます。（冒頭の質問で、深読みして、あえて逆に答えた方へ。あまりにも素朴な回答で申し訳ありません）

ブーバ・キキ効果については、大脳皮質角回に損傷のある人、自閉症の人は、この傾向を示さないそうです。使用言語や年齢にかかわらず、九八％もの被験者が同じことを感じ、脳のある特定の場所が機能していない人は一様にその傾向を示せない。ということは、ヒトの脳には明らかに、語感とかたちを関連づける人類普遍の機構があるということに他なりません。

にもかかわらず、二〇一二年現在、心理学の領域では、この命題は解けていません。脳生理学会は、病理の解明に役立つとは思えないのか、あまり興味を示していないようですし、言語学会は、音象徴論《おんしょうちょうろん》（ことばの音韻に感覚を関連づける研究）をナンセンスだと位置づけているために、やはりこの命題に答えてくれません。

しかしながら、ことばの魅力を追求するには「ことばの音」、いわゆる音韻に対して、世界の九八％もの人が反応する何かを放っておくわけにはいきません。

●ことばとかたちを関連づける脳の力

では、脳科学の見地から、これをひも解いてみましょう。

注目すべきなのは、発音の体感です。

発音体感は、音韻を発するときの口腔を中心とする身体の感覚で、これらは、運動制御を担当する小脳を介して、脳の潜在域にイメージを作り上げます。たとえば、舌を柔らかく使う「や」「わ」などの音韻は、羽二重《はぶたえ》餅を口にしたような感覚を脳に伝え、意味とは別に「柔らかい」という感覚を脳の潜在域に届けています。

では、キキの発音体感から。

「キ」は、口腔を狭くして出す喉の破裂音です。喉周辺や舌の筋肉を硬くして作った狭い通り道を、息が鋭く抜けていきます。このため、口腔は、〝前方に一途《いちず》に抜けていく、硬く尖った感じ〟を体感します。これが運動制御と空間認識を担当する小脳に届き、右脳のイメージ処理の領域を刺激して「硬く尖った、突出した、鋭い、一途に前向き」なイメージとなって結実するのです。

「キキ」は、だから、複数のとんがりを持った図形を彷彿《ほうふつ》とさせます。

女の子の名前なら、「一途な前向き、はねっかえり」さん。まさに、宮崎《みやざき》駿《はやお》映画「魔女の宅急便」のヒロイン、キキのイメージそのままです。あの見習い魔女がミミやララだったら、あんなふうに、胸がきゅんとなるほどに一途なのに、スカッとした女の子に仕上がったでしょうか。

一方、「ブ」「バ」は、唇を厚く膨らませて出す口唇破裂音。唇のゆるい膨らみは、アルファベットのBにも表出されていますが、むくむくと膨れ上がるイメージにつながります。大多数の人が、雲形の図形に「ブーバ」を与えるのは、至極当然のことに思えます。

B音は、上下のくちびるに細かい振動が重なるので、累々《るいるい》と重なる感じも彷彿とさせます。薔薇《バラ》は、あのふっくらと重たげな花弁が累々と重なるイメージにぴったりの語感。豚バラも、肉屋のトレイに並ぶ姿のイメージとぴったりですね。

英語でも、バブル bubble（泡）、ダブル double（重複）、バイ by（乗除）など、「ふっくらと、累々と」を表現する単語には、B音が使われています。

●恋人の心を開くことば術

それでも！

私が出会った言語学の先生方は、「音象徴論はナンセンス。ことばの音韻に、普遍のイメージはない」と言い切ります。近代言語学の父と呼ばれるフェルディナン・ド・ソシュール（Ferdinand de Saussure、一八五七～一九一三年）がそう定義したからだそうです。二〇一二年五月一五日現在、ウィキペディアの「言語学」の項目にも、「しかし、実際にはどの言語にも普遍的な音象徴というものは存在しないため、現在そのような立場の言語研究はあまり行われていない」と記述されています。

たしかに、薔薇と豚バラ、bubbleが同じ音象徴に由来するといわれると、一瞬戸惑うとは思いますが、小脳が感知する「ふっくら、累々」の上位概念でくくれば、ここに普遍を見出すことができるはずです。

それよりも何よりも、実際に日常私たちが使うことばの音にイメージがないなんて……、言葉の研究者が、まじで、それを言う？

カツコと呼ばれようが、ユナと呼ばれようが、その女性のイメージは、まったく変わらないのでしょうか？　シャネルがブーニャンだったとしても、デザインさえ美しかったら、世界の女性たちは憧れたのでしょうか？

ことばは生きて、人の心に触れてなんぼ。語の構造や由来がわかっても、目の前の恋人の心ひとつ開けなかったら、意味がないのではないかしら？

というわけで、本書は、近代言語学の祖に楯突いて、音象徴にまっこうから挑みます。平たく言うと、恋人の心を開くことば術です。あるいは、文芸の奥義《おうぎ》に導く灯になるかもしれないし、キャッチコピーやネーミングの達人への道につながるかもしれません。

ちなみに、発音の体感がもたらすイメージ効果は、他者の発音を見聞きした場合にも起こります。「きつい」は口腔を小さく硬く使い、「ゆるい」は舌が柔らかくゆれるのですが、他者の発音でも、その感覚が想起されます。

その理由は、私たちが、生まれつき、目の前の人の表情筋を映しとってしまうミラーニューロンと呼ばれる鏡のような脳神経細胞を持っているからです。赤ん坊の時は、目の前の人のくちびるや舌の動きを映しとり、ことばを獲得していきます。長じてからも、もちろん、目の前の人の表情筋に無反応ではいられません。

聴覚にだけ特化しても、私たちの脳は、硬い筋肉で出した音韻は硬く、柔らかい筋肉で出した音は柔らかく感じるようにできています。ヒトは、モノを見ただけでも、それを叩いた音を聞いただけでも、その触感をほぼ正確に想定できます。視覚、触覚、聴覚は、存在の物性を正確にとらえるようにできているからです。これができないと、床面や路面を感知できないので、歩くこともままならないのです。

さらに、ヒトは、文字面《もじづら》を見ただけでも、脳は「ことばを聞いたとき」と同様の反応を示します。したがって、発音の体感は、本人が発音しなくても、ことばに触れるたびに、多かれ少なかれ、私たちの脳に想起されるものなのです。

本書では、日本語の音韻のうち、特に情感を漂わすものを選び、音韻の語感を一つ一つ明らかにして、それらが醸《かも》し出す日本語会話の情の文脈を紐解いてまいります。

語感辞書としてお使いになれるよう、語感の物理現象とことばの関係を精緻《せいち》にひも解きますが、それぞれの節の最後に、例文のかわりに、語感のエッセイをつけました。本文では、語感の解剖を楽しんでいただき、節末のエッセイ「美人のくちびる」では、語感の匂いを味わっていただけたら幸いです。

目次

第2章　心を惑わす、ゆらぎのことばたち

第3章　親密感を作り出す、撫でることばたち

終章 言葉は媚薬となりうるか

第1章　情を伝える、息の音たち

は

はや、はしり、はかな、はんなり、はる、はらり――。

「は」は、速くて儚《はかな》い息の音。はっとさせる、華《はな》になる。

「は」を発音するとき、私たちは喉を開けて、肺の中の空気を一気に口元に運びます。そのときの喉壁をこする息の音が、耳から聴こえる「は」なのです。

柔らかい粘膜が作りだす響きは、ナイーブで優しい。けれど、その発音体感は、音響よりずっと豊かなものがたりを持っています。

●美人への道は「はい」に始まる

「は」の第一の特徴は、速さ。肺の中の空気を一気に口元に運ぶためです。

「スピード」「スポーツ」「颯爽《さっそう》」などのサ行音は、口腔内を疾風が駆け抜けるので、いかにも速そうですが、肺から口元に達するまでの息の速度は、横隔膜《おうかくまく》で一気に押し出す「は」に及びません。「は」は、「気づいたら、傍にいる」忍びのような電光石火の速さ。それこそ、はっとするほどの刹那《せつな》の速さなのです。

人類は、無意識のうちに「は」の速さを知っているのでしょう。はやい、はやて（疾風）、はつ、はしりなど、速い事象にはきちんと「は」の音をあてています。英語でもSpeed upよりHurry upの方が、即時性が高いことばですよね。

このため、「はい」は、気持ちいいほど潔い音韻列になります。電光石火の「は」＋舌のつけ根から中央に向かって、強い前向きの力を走らせる「い」。「はい」は、電光石火で前向きの意思を届けることばなのです。

しかも、息を一気に吐ききる「は」は、下腹に力が入ります。これに、舌を強く緊張させる「い」が追随するので、「はい」と返事をすると背筋が伸びるのです。

加えて、短めに発音する「い」は、口角をきゅっと引き締めると発音しやすいため、潔い「はい」は、口角の引き締まった口元と、凛《りん》とした姿勢を作り出します。

音韻というより、所作《しょさ》と呼ぶのにふさわしい「はい」。だから、日常、美しい「はい」を言える人は、例外なく美しいのです。美人への道は、「はい」に始まると言っても過言ではありません。

●「は」は儚い

「は」で出した息は、口元で霧散します。肺からまるごと出した息を、舌や唇で何の細工もせずに口先に出してしまうので、口元にほんの刹那の熱さを感じさせた後、「は」は儚く消えてしまうのです。

刹那の情熱の後、はらりと消えてしまう、儚い夢。

「は」の体感のうち、口元に霧散する息に意識を集約すると、そんな美しい幻が見えてきます。「はつこい（初恋）」は、だから、切ないのかもしれませんね。

京都弁の「はんなり」は、華やかさに似て、けれどももっと儚くて、包み込むような柔らかいオーラを持っています。京都の人に「はんなり」の意味を尋ねても、なかなかことばにしにくいと言います。しかし、「はんなり」の発音体感を味わってみれば、京都育ちでなくても、その意味はきっとわかるはずです。はん・な・り。なんども発音すると、擬態語のように様子が伝わってくると思います。

「はかない」は、恋のアクセントに、ぜひ使って欲しいことばです。悲しいときにではなく、嬉しい時間があっという間に過ぎ去った後に。「楽しい時間って、なんでこんなに、儚いのかしら」というふうに。

「は」＋「か」は、息をすべて出し切ってしまう、深いため息のような音並び。その後の、慰撫《いぶ》するような柔らかい「な」、口角を美しく引き締める「い」。「はかない」は、まさに、美人のため息のようです。オトナの男なら、その情感をしっかりと脳裏に焼きつけてくれるに違いありません。

●「は」は魔法的

「は」は、ほぼ半分息の音として発音します。このため、「は」は、音響的にはけっして目立つ音ではありません。

一方で、肺の息をそのまま口元に運ぶので、口元は明らかに熱いのです。つまり、音響効果が小さいのに、物理効果が大きい音。言い換えれば、耳への存在感が小さいのに、体感効果は抜群に大きいことになり、大袈裟《おおげさ》にいえば魔法的。ミステリアスな印象を残す音です。

魔法的といえば、今や、世界一有名な魔法使いになった「ハリー・ポッター」は、ハリーだからこそ良かったのだと思います。

赤ちゃんのときに魔法界の伝説の英雄になってしまったハリーは、人間界に預けられ、魔法を封印して育ったために、自分の魔力の全貌をつかめずにいます。そもそも、なぜ赤ちゃんの彼が、伝説に語られるようなパワーを持っていたかも謎だし、どうも闇の帝王と何らかの深い因縁もありそう……そんな曖昧《あいまい》でミステリアスな雰囲気に、「ハリー」は本当に良く似合います。敵が「ハ〜リ〜」とだみ声で彼を呼ぶたびに、読者は強い不安に陥れられますし、逆に、仲間たちが「ハリー！」と呼ぶたびに、きっと何か不思議な力を発揮してくれそうでわくわくするのです。

同じ効果が、「チャーリー・ポッター」や「ビリー・ポッター」にも、あるでしょうか？

我が家では、高校生の息子の、私を呼ぶ声が、いつの間にかママからハハに変わりました。「ハハ、ちょっとこれを見て」「ハハはどう思う？」

彼がハハと呼ぶたびに、親子関係の現実感が薄れていく感じがして、自然に、彼のテリトリーと人間性を尊重せざるを得なくなりました。すると、不思議なもので、かえって交わすことばが増え、ＤＮＡがくれた直接的な絆《きずな》とは別の、情の絆ができたように思えます。

現実感が希薄になって、かつ情の絆ができてきたことで、息子が家からいなくなる日の想像が楽になりました。十七歳の彼が自立していく日は、そう遠くはないでしょう。ことばは、壮絶になるはずだった子離れに、優しい魔法をかけてくれたような気がします。

こうして、気持ちをどうこう言う前に、ことばを変える、という方法があります。日本語は、自然にその教養を含んでいるように思えます。

母の呼び名でいえば、ママ、カアサン、オフクロ、ハハの順に、肉体の存在感が薄れていきます。遠く家を離れ、人との会話の中でハハと呼ぶ頃には、母親はかなり幻想の、情をかきたてる存在になっているのです。現実感たっぷりの、しかも押しつけがましいチチに較べると、胸がきゅんとする率は高く、かなり有利だと思います。

美人のくちびる❶　儚げの呪文

夜道の別れ際、私の大好きなひとが、「じゃあね」と口を動かした。別れ際の「じゃあね」を、ほとんど声を出さず、口の動きだけで言う。続けて、「気をつけて」と、こちらはしっかりと声を出す。彼の定番である。

開花予測が週末に迫ったその日。つぼみを膨らませる桜の気配に、街中が息を潜めているような、静かな春の宵《よい》だった。

そのせいだったのかしら。いつもなら、気楽に「うん、またね」と応える私だが、その日はなんとなく「はい」と返事をしていた。

「じゃあね。気をつけて」

「うん、またね」

のはずが、

「じゃあね。気をつけて」

「……はい」

彼は、はっとして立ち止まり、振り返って私を見た。長いつきあいの私たちだ。振り返って見つめあうような別れ際なんて、思い出せないくらい遠い記憶の彼方のこと。間が持たないので手を振ると、彼もまた照れたように手を振って、さくさくと横断歩道を渡って行った。

この日、口をついて出た「はい」は、お腹に力の入る潔い「は」ではなくて、息が散っていく幻の「は」だった。霧散していく息に意識をのせると、この

「は」になる。桜の気配がそうさせたのに違いない。

耳元に息を吹きかけるような、囁《ささや》くような、秘め事の「はい」。耳元でなくても、不思議と、この「はい」は相手に届くのである。

以来、別れ際、「気をつけて、帰りなさい」と言われて、私は、この「はい」をときどき使う。時計をのぞきかけていた愛《いと》しいひとは、はっとして顔を上げる。

「夜に溶けてしまうのかと思った」

そう彼は口走って、次に照れ笑いをする。あなたのようなしっかりした女性に、おかしな心配だったね、と。

三度目に同じ「はい」を言ったとき、彼は、「今、どんな魔法をかけたの？」と笑った。この人は、いい耳をしていると私は思った。この人を失ってはいけない、と。

彼は、ときどき、私をベネ・ゲセリットと呼ぶ。ベネ・ゲセリットは、ＳＦの名作『砂の惑星』に出てくる魔女たちの呼び名だ。ことばで人を操る魔女、ベネ・ゲセリット、「あなたのことばには、気をつけなければならないね」と。

さあ、私の何に気をつけるのかしら？　私がねだるものといったら、アイスクリームくらいなのに。

「はい」には、潔い「はい」と、美しい幻を見せる「はい」がある。女性はぜひ、愛しいひととの別れ際に、囁くような、幻の「はい」を使ってください。

「元気でね」

「はい」

「またね」

「はい」

ことばとは不思議なもので、幻の「はい」なのに、潔さもやっぱり遅れてたちのぼる。

とても馴染んだ仲なのに、別れ際の声かけに「はい」という女性。凛とした姿勢を見せ、幻になって消えるひと……美しいと思いませんか？

ひ

ひ、ひかり、ひさめ、ひたむき、ひすい、ひめごと——。

「ひ」は、この世をあまねく支配する。魅せられたら、逃れられない。

「ひ」は、肺の中の空気を一気に喉元にぶつける音。喉にぶつけられた息は、上あごを滑って、前歯を擦ります。「ひ」は、喉壁を擦る息の音と、歯を擦る息の音が重なって作りだす音韻なのです。その体感が作りだす印象もまた複雑です。

●「ひな」は癒しを伝えることば

肺の空気を、一気に喉元にぶつける……このとき、体内で温められた息の熱エネルギーは、喉のアーチの頂点に集中します。だから、「ひ」は熱いのです。ほかのハ行音たちも息の熱さを感じさせるけれど、最も肺に近い喉の一点に熱エネルギーを集中させる「ひ」

の熱さは、はるかに圧倒的です。

この熱い息は、上あごを、扇状に、覆いつくすように滑ります。このため、上あご全体はからからに渇きます。熱さと乾き。まさに火の質といえます。そう考えると、火や日に、「ひ」という音韻を与えた古代人の英知を思わずにはいられません。

火や日と共にある「光」にも、太陽の恩恵を現すパワフルな音韻「ひ」が与えられました。人間関係の長いブランクを埋める「久しぶり」には、闇にぱっと光が射すような印象があります。

干上がるの「ひ（干）」は、上あごの乾く印象を、その意味になぞらえたことばなのでしょう。

上あごを熱く乾かす「ひ」の後に、上あごをしっとりした舌で優しく撫であげる「な」が続く「ひな」は、「な」のしっとりした優しさを最大限に活《い》かす音並び。「ひな」は、男たちが女性に癒しを求めるようになった二〇〇〇年以降、女の子の人気ネーミングの一つになっています。

その昔、私は、バレンタインの義理チョコのお返しに、雛《ひな》あられをもらったことがありました。三月三日は、女ごころが華やぐ特別な日。雛あられの優しい甘さが、「ひな」の語感の優しさと響きあい、ふたりのお嬢さんを持つその贈り主の優しさがなんだか胸に染みました。

二月の後半から三月初めの雛菓子のプレゼント、チョコのお返しじゃなくても、オトナの男なら一度はやってみるといいと思います。「ひな」の語感の優しい余韻が、そのままあなた自身の印象になって、女心に長く残るはずだから。

●「ひ」は情熱と冷酷を併せもつ

上あごは、複雑な形状をしていて表面積が広いので、ラジエータ（冷却放熱器）と同じ働きをします。このため、上あごを万遍《まんべん》なく滑った息は、歯擦《はさつ》の音に変わる頃には、冷たくなっています。喉元を焼き、上あごを干上がらせたこの息は、唇に当たるときには、意外なほどに冷たくなっているのです。

日本人は、氷雨《ひさめ》、氷室《ひむろ》など、氷にも「ひ」という呼び名を与えました。喉を焼く息の熱さと、唇を刺す息の冷たさの両方を、しっかりと感知していたことになります。

相反する物理現象を抱き合わせに持つ「ひ」は、カリスマ的ともいえる、神秘的なパワーを感じさせています。

卑弥呼は、「ひみこ」だったから、伝説の女王になったのではないでしょうか。新撰組の土方歳三は、「ひじかたとしぞう」だったからこそ、情熱と冷酷を併せ持つカリスマリーダーになったのかもしれません。「みなかたとしぞう」や「さかたとしぞう」なら、新撰組の有り様《よう》も変わっていたと思えてなりません。

歴史を見つめてみると、時々に時代が望んだ役割があり、その役割にふさわしい名前が配されているように見えることがあります。人物が先にあるのか、名前が先にあるのか……ほんとうはどちらなのでしょうか。

情熱と冷酷を感じさせる「ひ」は、使いようによってはなんとも怖い音です。たとえば、幽霊にひとこと言わせるなら「ひぃ……」が最も怖いはず。これが「はぁ」や「ふぅ」、「しぃ」や「けぇ」では、怪談は盛り上がりません。よく知っている相手でも、振り返りざまに「ひひひ」と笑われたら、震え上がるでしょう?

スリラー映画の巨匠ヒッチコックは、この怖さを名前（ブランド）に持っていました。「ひ」に続く「っち」も、毒針を感じさせるとても怖い音。まさに神が与えし名前だったのに違いありません。だって、「ヒッチコックの」がつけば、どんなタイトルも怖くなるような気がしませんか?

同じように、「ディズニーの」がつけば、どんなタイトルもファンタジーになってしまうし、「シャネルの」がつけば、どんなタイトルもオシャレになってしまいます。彼らが生まれつき持っていた苗字が、成功の何％かを支えてくれたように思えてなりません。

「ひ」の怖さは、後続の音によっても際立ちます。たとえば「ひどい」は、喉を焼き、上あごをすべからく干上がらせて、唇を冷たく刺す「ひ」の後に、状態が停滞するイメージの「ど」が追随します。まるで干ばつの大地に置き去りにされたよう。本当に、ひどい状態を口元に感じさせているのです。

どうか、こんな「ひどい」ことばで、大切なひとを追い詰めないで。

また、「ひ」は熱い息が、上あごを扇状に覆い尽くします。奥歯の隙間にまで、息が入り込むように。この感覚が、すべからく、ことごとく、あまねく行き渡る印象を作り出します。

ひたすら、ひたむき、ひしひし、ひたひた……力ではなく、熱い念で何かを成し遂げていくイメージを口腔に作り上げていく印象を、「ひ」の擬態語たちは持っています。

このため、「ひめ」ということばには、力ではなく、もっとひたむきな念の力で、領地を統《す》べるイメージがあるのです。あるときは、王よりも恐ろしい姫の影響力。

だから、たとえあだ名でも、「ひめ」と呼ばれるのには覚悟が要ります。お姫さま扱いされていい気になっていると、すぐに煙たがられる存在になるからです。しかも、なぜか、揉め事の責任が降りかかってきます。若いお嬢さんは、どうか気をつけて。

美人のくちびる❷ 「ひみつ」の秘密

「この件は、秘密だよ」

かつて仕事で組んだ男が、そう口にしたことがある。私は、ぞっとして立ちすくんでしまった。

事業戦略に、裏の資金計画を立てた。私のポリシーには反するが、ビジネスのオファーにそれくらいのことが含まれていても、別段、驚きはしない。私がぞっとしたのは、彼が「ひみつ」ということばを使ったことだった。

ひ・み・つ。私には、幼い頃から、そう言われるとすくんでしまう癖があった。

私は、幼い頃から、ことばを発音体感でつかんできたので、「ひみつ」の「ひ」

は、あまりにも怖かったのだ。上あごを干上がらせ、熱い風を奥歯の隙間にまで押し込む「ひ」の存在感。続く「みつ」のたっぷりと満ちる感じが、よけいに「ひ」の恐ろしさを募《つの》らせた。だから私は、「ひみつ」と言われたことを、けっして口外しなかった。

同じ秘め事でも、「ないしょ」と言われると幸せな共通体験になるのに、「ひみつ」と言われると黒魔術で支配されたような嫌な感じがする。そういえば、好んで「ひみつ」を使う子には、共通の質があったような気がする。野生の匂い、というのかしら。強い生命力と上昇志向を持っていて、自分が傷つくことも、人を傷つけることも恐れなかった。

おとなになっても、「ひみつ」は怖くて、私にはとても口にできない。どんなに隠蔽《いんぺい》したい弱みがあっても、私は誰にも「秘密よ」と言えないのだ。だから、弱みを晒《さら》して、公明正大に生きるしかない。不自由なことである。

話を戻そう。ビジネス・パートナーが「ひみつ」ということばを口にしたとき、私は、密かにこのパートナーシップの解消を決心した。「ひみつ」には、甘えと支配欲が潜んでいる。そのどちらも、健全な人間関係とは思えなかったから。

私が去ったとき、その人は周囲に「僕が抱いてやらなかったから、関係がこじれた」と言いふらしたそうである。男女関係ではまったくなかったし、吐き気がするようなこんなセリフを言うような人物には見えなかったのに。やがて、彼の事業は頓挫《とんざ》してしまった。「ひみつ」の秘密が、私を救ってくれたのである。

幸せなことに、今、私の周りにいる男たちは「ひみつ」を口にすることがない。魅力的なオトナの男友達には、多少は支配してもらいたい気もするのだけどね。

ふ

ふい、ふうりん、ふしぎ、ふたしか、ふゆう、フェアリー——。

「ふ」は、時間を止める音。想念の世界に誘う音。

「ふ」は、肺の中の空気を一気に口元に運ぶ音。このとき、唇をやわらかく絞って、唇を擦る音を重ねます。

したがって、喉壁の音だけで出す「は」とも、上あごを擦る音を伴う「ひ」とも違う子音となります。英文字で表記するなら、HではなくF。語感的には、「ふ」は、「は」「ひ」「へ」「ほ」ではなく、「ふぁ」「ふぃ」「ふぇ」「ふぉ」の仲間なのです。

●「ふと」で会話のシフトチェンジをする

「ふ」は、肺の中の空気を一気に口元に運ぶため、「は」同様に、速さを感じさせます。「ふと」「ふいに」など、意識が立ちのぼる刹那の時間を表すのに使われるのは、その速さゆえ。

ただ、「ふ」は、唇から発射された息がいったん宙に浮くので、刹那、時が止まったかのように感じさせます。

「ふと、思ったんだけど」

このことばは、それまでの話をいったん宙に浮かせます。

もしも、大切なひととの会話が暗澹《あんたん》たる方向へ行ってしまいそうになったら、このことばを差し挟んでみてください。男と女の会話には、軽く甘えるつもりで仕掛けたのに、相手が受け取り損ねてすれ違い、ことが深刻になってしまうことがあります。引っ込みがつかなくなって、途方に暮れたとき、このセリフが救ってくれるはず。

「ふと、思ったんだけど」に続くことばは、「お腹がすいたわ」「今日のあなたのネクタイ、素敵ね」など、たわいのないことを。心をいったん宙に浮かせて、ギアチェンジをすれば、きっと違う会話が回りだします。

ただし、くれぐれも自分がなじられているときには使わないように。馬鹿にしている、と激怒されてしまいますよ。

「ふ」で出した息は、いったん宙に浮き、やがて、妖精の粉のようにふわふわと広がって消えてゆきます。この宙に浮く瞬間があるために、時が止まったかのような不思議感が生まれるのです。

ルパン三世の、宿敵にしてガールフレンドの峰不二子。神出鬼没の、ミステリアスな「ふじこ」。ルパンが彼女を「ふじこ」と呼んだ途端に、非現実感に包まれます。このため、「ふじこ」の裏切りには、なぜか生々しい感じがしてこないのです。他の名前では、こんな雰囲気は作れなかったに違いありません。

「ふじこ」のような幻想的な印象を作りたかったら、F音の入ったブランド名を口にするのも効果的かもしれません。ティファニー、フェラガモ、フェンディ、フランク・ミュラー、フルラ……Fのブランド名を並べたら、まるで魔法の呪文のようでしょう？

美人のくちびる❸

時間を止める呪文

「ふ」は、心を解く。

愛しいひとが、デートの初めに、なかなか仕事モードを抜け出せないとき。何かに気をとられて、上の空でイライラしている……そんなとき。私は、「ふっ」と息を吐く。キスマークのくちびるにして、彼の手の甲に「ふっ」と息をかけてあげるのだ。彼は、現実を離れて、一気に「ここ」へやってくる。

これは、幼い息子にもよく効いた。駄々をこねているとき、小さな手を取って「ふっ」としてあげると、不思議と落ち着いたものだ。

「ふ」は、時間を止める。

愛しいひととひとときを過ごして、別れるそのとき。ほんの刹那でいいから時間を止めたい……そんなとき。私は、「ふっ」と息を吐く。愛しいひとは、私の口元で散る息を、じっと見守る。私は、ほんの刹那、彼の心を引き止めるのに成功するのだ。

そして、デートの最後の「ふっ」は、「魔法は終わり」の合図。ふんわりと散る息が、私たちの過ごした時間を幻想にしてしまう。

「私に心を残さないで」……現実へ戻る彼への、優しい魔法だ。

だから、彼の「現実」を手に入れたいのなら、自分たちの関係を「ふりん」と呼んではだめよ。不倫と呼んだとたんに、その関係は幻想になってしまうのだもの。

でもね、長く女をやっていると、恋は、幻想の中にあったほうが、賞味期限が長いのがわかる。「ふ」で始まり「ふ」で終わるデートは、けっこう永遠。オトナになったら、現実に持ち込まない、生々しくない、そんなデートの相手をひとり持っているとステキだと思う。

「ふ」で彩る関係は、現実を邪魔しない。なにせ、愚直な男性脳ときたら、「ふ」で終えてあげると、このデートが本当に夢か現実かわからなくなるらしい。なのでまぁ、夢を見るのと一緒なのだろう。

だから、女には、彼の現実＝「自分と会っていない時間」をいっさい気にしない覚悟がいる。「ふ」の恋は、女の側にも男の側にも、充実した現実生活があってはじめて成立する素敵な幻想なのだと思う。

帰り道に、現実の幸福（妻、夫）に感謝する、幻想の恋。そんな幻花のひとつやふたつがあってこそ、夫婦は深くなっていくのかもしれないね。

妻としての私は、誠実な生活人の夫だからこそ、わたしの知らないそんな時間があってほしいと密かに思う。かといって、現実時間に、はみ出させないで欲しいけど。もちろん、ときには家の外で、私自身が夫に「ふ」の時間をあげることもある。

オトナというのは、少女の頃に思っていたより、ずっと複雑で素敵である。

へ

へま、へいき、へいちゃら、へたっぴ、へのかっぱ——。

「へ」は、いじいじを吹き飛ばす音。オトナの女の必需品である。

「へ」は、喉を開けて、肺の中の空気を一気に口元に運ぶ音。このとき、下あごをぐっと手前に引くので、大量の息がガス漏れのように下あごに溢れます。喉壁を擦る「へ」の音響効果は小さく優しいのですが、ガス漏れの体感はかなり刺激的と言えます。

●「へぇ～」は連発してはいけない

「へ」は、刺激的な〝息のガス漏れ〟。

そのため、いじいじ、ちまちました気持ちの滞りを吹き飛ばすのに、これほど似合う音韻はありません。「へいき」「へっちゃら」「へのかっぱ」と口にすれば、なんだか細かいことが気にならなくなるのは、誰でも経験したことがあると思います。

他人を揶揄《やゆ》する「へま」「へたっぴ」は、気に入らない相手にガスを吹きかけて、いっそ気持ちがいいのでしょう。

びっくりしたときに口に出る「へぇ～」は、ガスの噴射が、驚きの気持ちに共鳴しています。感心や驚きを想定した会話で、この「へぇ～」を返されると、言われた側も気持ちいいものです。

しかしながら、ことばとは不思議なもので、驚きを誘うでもない会話で「へぇ～」と返されたり、純粋な驚きであっても、何度も連発されたりすると一挙に不快になるものです。「へぇ」は、会話のアクセサリー程度に、さりげなく使うのがマナー。自分の気持ち良さに引きずられて、過剰に使わないように。

「へ～んだ」「へへへ」も、言った自分が気持ちいいのに、言われた相手が想像以上に不快なガス漏れ効果。「へ」にはご用心。

そして、「へ」は、低い口腔に、広く風が吹き渡る音。このため、「平野」「平原」など、広々とした平らな空間を表すのに適しています。

広く平らかな様子は、心模様に転じれば「平安」「平和」「平常心」。「平」は、意味以上に音韻で、全体の意味をアシストしているように感じられます。

「平成」は、温かい息の風「へ」と、爽やかな息の風「せ」の組み合わせ。どちらも口腔を低く広く使うエ段の音、広々と吹き渡る風です。平成元年は、国際化とグローバル化が謳《うた》われた時代でした。「へーせー」という、伸びやかに吹き渡る風をもつ元号が、人々に好感度高く受け入れられたのは想像に難くありません。

美人のくちびる❹ いじいじ気分を吹き払う呪文

ちまちましたことが気になって、いじいじしてしまうとき。私は、お風呂の中で、「へっ」と声に出していってみる。「けっ」とセットで言うこともある。追いかけるように、「へいき、へっちゃら、へのかっぱ」と唱えれば完璧だ。

よかれと思ってしたことが、人の反感を買うことがある。勘違いをして、恥をかいてしまうことがある。人のふとした発言が、心に刺さる日もある。生きていれば、「ちまちま」や「いじいじ」と無縁では暮らせない。

ひとつひとつは些細なことで、今さら言い訳をするほどのこともない。心に刺さる発言でも、「なんでそんなことを言うの？」と怒るほどのことでもない。そんなとき、どうしていますか？

我慢するのは、ちょっと危ない。ささいな「ちまちま」や「いじいじ」だけど、積み重なれば、自尊心を奪うことがある。だから、私は「へいき、へっちゃら、へのかっぱ」と唱えてみるのだ。問題は解決しないけど、潜在意識のもやもやが消える。その勢いを借りて、忘れてしまうことだ。

「へいき、へっちゃら、へのかっぱ」は、けっして上品なことばじゃないのに、自尊心を保つのに役立ってくれる。「へ」は、明日の気品を作ってくれる、美人に不可欠の音なのである。

とはいえ、「へ」は口角を下げるので、口元の美しさを損なうことは否めない。なので、女性は人前で、必要以上に「へ」を発音してはいけません。ほんとうは、「平和」も、口にしたくないことば。声に出さずとも、自然にそこにあることを望みたいものである。

ほ

ほし、ほたる、ほのお、ほんのり、ほれぐすり――。

「ほ」は、仄《ほの》暗くて、温かい。魂が帰る場所に、似ているような気がする。

「ほ」は、喉を開けて、肺の中の空気を一気に口腔に運ぶ音。「ほ」を発音するときの気管と口腔は、まるで管楽器のような形状に。ここから、深く優しい響きが生まれます。

●「ほ」は恋人をくつろがせる

「ほ」は、肺の空気をそのまま口腔部に持ち込み、しばらく保持します。そのため、口腔全体に体内温度を感じさせ、包み込むように温かいのが第一の特徴です。

ハ行音はそれぞれに息の体内温度を感じさせますが、一気に口元に運ぶ「は」は、かじかんだ手を温めるような熱エネルギーを外に見せつけます。

これに対し、「ほ」は、息を口腔内にいったん保持して出すので、口腔全体を均等に温めます。安らぎのある、プライベートな温かさなのです。

「ほ」は、また、口腔を閉空間にしているため、閉じたイメージ=暗さを持っています。ほし、ほたる、ほのお……闇にほんのり匂う光たちには、「ほ」の名前がよく似合います。夜がくれる、くつろぎと安らぎを象徴するかのように。

そういえば、英語のhomeやhospitalityも、「ほ」の音で始まります。「ほ」の発音体感がくれる安寧な癒しのイメージは、言語を超えて同じなのでしょう。

仄暗さを呈する「ほ」は、実体がはっきりせず、雰囲気や情感を表すことばによく使われています。ほんのり、ほんわか、ほのかに、ほろり……ほらね？（「ほらね」は、情で共感して欲しいときに使うことば）

ハ行音は息の音なので、どれも情感を表現するのに適していますが、中でも「ほ」はいっそ内面の情に偏《かたよ》るような気がします。「はらり」「ひらり」「ふらり」といえばモノが動く情景を描くことばたちですが、「ほろり」は情が動くことばです。「はんなり」「ひんやり」「ふんわり」は外への影響力を感じさせますが、「ほんのり」は内に秘めたものが淡く表出した感じがします。

「はかない恋」「ひそかな恋」「ふかい恋」「ほのかな恋」……情を表すハ行音と「恋」は、ほんとうによく似合います。

息が喉壁を擦る音が主体の「は」「へ」「ほ」は、かなり控えめな音響効果なので、息の量をしっかりと使わないと聞き手に届きません。中でも「ほ」は、最大量の息を使う音。このため「ほ」と発音すると、自然と肩の力が抜けてしまいます。

「ほっ」と発音したとたんに、私たちは肩の力が抜けて安らぎを得る。ほっとしたから「ほっとする」というわけですが、このセリフが、逆にからだにくつろぎをくれるのもまた事実なのです。

なので、私は、緊張して肩に力が入っているとき、あえて「ほっ」とため息をついてみます。緊張を解くのに、とてもよく効くからです。

美人のくちびる❺　いじらしさの呪文

私の名は、いほこ、という。発音してみるとわかるのだが、真ん中の「ほ」に発音体感が集約される。かなり息を使う名前である。

大学時代、「きみの名前を呼んでいると、ときどき不安になるんだ。いつかきみが消えてしまうような気がする」と言った恋人がいた。「こんなにしっかりした実体なのになぁ」と笑いながら、だったけど。

理系同士だった私たちは、あまりロマンティックな会話を交わしたことがなかった。それでも、私の名前の真ん中の「ほ」は、私たちに情の会話をくれたのである。

それから三十年、名前を呼ばれる機会も減って、私は、ときに「ほたる」ということばが欲しくなる。夏の夕暮れ、ふと思いついて、絽《ろ》の着物を着たようなとき。

「ほたるを観にいきたい。それが叶《かな》わないのなら、せめて、私をほたると呼んでほしい」

私の大好きなひとは、こういうとき、けっして私の願いを叶えてはくれない。請《こ》われて何かするのが大嫌いなのだ。根が天邪鬼《あまのじゃく》なのである。それでもいい、そのおねだりだけで、「ほたる」を二回、口に出せるから。彼の耳にも二回、私の、仄かな息の気配が届くから。

こうして、年に一度くらい「ほ」の呪文をかけておかないと、オトナの恋心は、保てないからね。

「ほたると呼べ」ほど大袈裟じゃなくても、情をにじませる「ほ」の音韻を、恋に上手に使ってほしい。

「ぼくのこと、好き?」と聞かれたら、「ううん」と否定して彼をびっくりさせた後、にっこり笑って「好きというより、惚れてる」と言ってみて。

ほたる、ほし、ほんと、ほしい、ほら、ほめて……恋のシーンで使える「ほ」のことばを集めよう。もしも見つからなかったら、デートの最後に、「ほっ」と息をつくだけでいい。「幸せすぎて胸がいっぱいで、吸った息が入りきれなかった」みたいに見えるから。

かわいくて一途で、なのに、しっかりつかんでおかないと消え入りそうなひと。実体とは関係なく、恋人の脳裏にそう刻印できる。美人は、音韻でも作れるのである。というより、美人は音韻でこそ作られる、のほうが正しいかもしれない。

第2章　心を惑わす、ゆらぎのことばたち

や

やよい、やすらぎ、やさし、やっぱり――。

「や」は障子越しの、春の陽射し。清潔で、幸福な音韻である。

ヤ行音は、母音から他の母音への変化で作る、二重母音ともいうべき特殊な音韻。イからアへの変化で出すのが「や」、イからウへの変化で出すのが「ゆ」、イからオへの変化で出すのが「よ」。イからの変化音なので、ヤ行にイ段音はありません。イからエへの変化で出す「ぃえ」は、ひらがな表記はないけれど、発音は可能です。

●「や」で始まる名の女性は……

「や」は、イからアの変化で出す音。ィアと一拍で発音すると「や」になります。

舌のつけ根から中央に向かって緊張を走らせ、細く小さな口腔形を作るイ。口腔を高く上げ、喉の奥までさらけ出す開放の母音ア。たった一拍の音韻の中で、狭い緊張から広々とした開放へ一気に導くのが「や」の発音体感なのです。

緊張から開放への緩和《かんわ》は、広がる優しさ。開口するので、光のイメージにつながります。それはまるで、障子越しに華やぐ春の光のよう。弥生《やよい》三月、長い冬の緊張の果てに訪れる、生まれたての春の光。明るく心を解く、やわらぎと優しさの語感なのです。

このため、「やっと」は、長いトンネルを抜けたような、優しい開放感をもたらすことば。苦難の末に成功した人をねぎらうときは、「やっと、ここまで来ましたね」と言ってあげたい。恋人との久しぶりのデートには、「やっと、逢えたね」と。大好きなひとと結ばれたときには、「やっと、一緒になれたね」と耳元で囁いて。きっと、一生忘れられないことばになるから。

そして、緊張から開放へと一気に導く「や」は、柔和なのに、勢いをくれます。「やっぱり」「やっちゃえ」「やっつける」のように、勢いのある、大胆な印象を醸し出すためにも使われます。

このためか、「や」で始まる名前の女性は、しとやかで優しいのに、ときに気風《きっぷ》がよくて、大胆な言動に驚かされることがあります。やよい、やえ、やすこ、やすは……あなたの周りに、心当たりの女性はいますか？

美人のくちびる❻　女ごころを解《ほど》く呪文

ここのところ、私の大好きなひとの忙しさは尋常じゃない。彼しかできない仕事が多すぎるのだ。しかも、それが、この国の産業の大事な核を担っている。

状況が理解できるオトナの女としては、おとなしく待つしかないのだが、それでも、ひとりぼっちで二時間も待っていると、ときに悲しさがひたひたと押し寄せてくることがある。

でもね、彼は、私の傍《かたわ》らに座った途端に、その悲しみを帳消しにしてくれるのである。たった一つのセリフで。

それは、愛のことばでもなんでもない。「やれやれ」である。

私は、幾多の苦難を切り抜けて、私のもとに帰ってきた男の「やれやれ」が大好きだ。

最近は、高校生の息子も、部活でぼろぼろになって帰ってきたときなど、私の顔を見て「やれやれ」と言う。これほど、女ごころを解くことばもないと思うよ。たとえ息子のセリフでも、なんだか胸がキュンとなるもの。部活の厳しい練習に耐えたのも、頑張って自転車をこいで帰ってきたのも、こうして母に再会するためだよ……みたいなセリフに聴こえるのである。もちろん、息子には、まったくそんな気はないと思うけど。

けれど、これを、待たせた恋人に使わない手はない。

コツは、待たせた女の前に座るとき、ほっとした顔で「やれやれ」と言えばいいだけ。待たせた時間が長いほど、その「やれやれ」には効果がある。「やっと、ここへ辿《たど》り着いた」というセリフをつけてもいい。

厳しい仕事に耐えたのも、傘も差さずに走ったのも、みんなあなたに逢うためだよ……みたいなセリフに聴こえているはずである。

負の目を勝ち目に変える魔法のセリフ。代わりのいない、大事な仕事を抱えるオトナの男たちの必需品である。ぜひ、覚えておいてほしい。

ゆ

ゆめ、ゆらぎ、ゆるし、ゆうごう、ゆき、ゆうわく――。

「ゆ」は、ゆれる思い。情感を誘い、官能美を創り出す音韻である。

「ゆ」は、イからウの変化で出す音。ィウと一拍で発音すると「ゆ」になります。舌のつけ根から中央に向かって緊張を走らせ、強い外向きの力を作るイ。舌の中央にくぼみを作り、強い内向きの力を作るウ。たった一拍の音韻の中で、舌の中央部に、外向きと内向きの力のゆらぎを作り出すのが「ゆ」なのです。

このため「ゆ」には、境界線がゆらぐイメージがあります。ゆらぎ、ゆるみ、ゆるし、融解。あの世とこの世を行ったり来たりする「幽霊」「幽玄」「夢」も、「ゆ」のゆらぎ効果が作り出す感覚と共にあります。

●人生の目標を「夢」と呼んではいけない

F音（ふぁ、ふぃ、ふ、ふぇ、ふぉ）は、弛緩《しかん》した唇で息を擦るために生じる息のゆらぎ。「ゆ」は、舌の緊張が行ったり来たりする、からだに直接感じるゆらぎ。このため、「ファンタジー」といえば別世界のことですが、「夢」は現実のことにも使われます。

しかし、ビジネスの目標や結婚を、ぜったいに「夢」と呼んではいけない。そう呼ぶ度《たび》に、口腔内にゆらぎが生じ、迷いが生まれます。人生の目標を「夢」と呼んでしまったら、実のところ、なかなか実現しなくなるのです。

若い人が夢を語るのを、だから私は、痛々しくて見ていられません。「夢」は、気持ちいいことばですが、現実に目指すものには使ってはいけない、危険なNGワードなのです。「あなたと一緒になるのが夢」というセリフは、「あなたとは、けっして一緒になれない」とほぼ同義だと思ったほうがいいくらい。セリフを重ねるごとに、潜在意識はあきらめていくので、当然、夢は遠くなります。

「僕は夢ということばは好きではないです」と言い切ったのは、プロ野球選手の松坂大輔《まつざかだいすけ》でした。ボストン・レッドソックスの入団会見で、インタビュアーに「夢が叶いましたね」と水を向けられて、きっぱりとこう答えています。「見ることはできても叶わないのが夢。僕はずっとここで投げられると信じて、目標としてやってきたから、今ここにいるんだと思います」

多くのジャーナリストが、「大リーグは、夢ではなく目標」と言い切ったことを、松坂の自信の表れだと絶賛しました。しかし、私には、別の感慨がありました。

発音体感は、身体運動の一種です。神技的な運動神経を持つ松坂投手には、口腔のゆらぎが意識のゆらぎを作ることが、手にとるように感じられるのでしょう。

「夢と呼んだら実現しない」というのは、自信というより実感なのだと思います。そして、その実感こそが天才の証《あかし》なのだと思います。

●「ゆ」はゆれて受け入れる音

外向きの緊張を、内向きに変える発音体感は、拒絶していたものを受け入れる＝ゆるすという心情によく似ています。

相手へのネガティブな記憶を帳消しにして、過ちをゆるす。心をゆるす、気をゆるす。「ゆるす」「ゆるみ」「ゆっくり」「融合」「誘惑」……警戒を解いて、相手を自分のテリトリーに迎え入れるこれらのことばのイメージは、まさに「ゆ」と発音するときの舌が、刹那の時間に演じているものがたりに他なりません。

愛しい女性が固い結界《けっかい》を解いて、その中へ迎え入れられる。男たちにとっては愉楽の出来事に違いありません。「ゆ」の名前は、だから、永遠の美人ネームです。「ゆ」の名前を呼ぶたびに、結界が解けるのだもの。ゆみ、ゆか、ゆりな、ゆうか、ゆい……名前が、勝手に誘惑しているみたいに。だから、「ゆ」の名前は、いい男以外には、気軽に呼ばせないほうがいいと思います。

そう考えると、英語のYouは、素敵な二人称だと思います。Youと呼んだ途端に、呼んだ相手を受け入れるわけですものね。

英語は、一人称を表すIが、喉の奥までさらけ出すアと前向きの意志を表すイの組合せ。発音体感が、「私を見て」「ありのままの私を感じて」という意思表示をしてくれています。三人称を表すHe, Sheは、実体よりも雰囲気を表す息の音たち。まさに、そこにいない思念の対象を表すのにぴったりです。また、Heが情熱と冷静を、Sheがソフトさを感じさせるのも、男性と女性の質を言い当てているようで、絶妙な音韻デザインと言うしかありません。

ちなみに、このHeとShe、アルファベットの字面が示すように、非常に近い発音体感なのです。「ひ」は、喉のアーチに息をぶつけますが、それを少し前よりにして、上あごにぶつけると「し」になります。

江戸っ子は、活きが良すぎて、つい息を前に出してしまい、「ひ」を「し」と発音してしまう癖がありました。「しっし（必死）」「しびや（日比谷）」などのように。

その江戸っ子でも、布団を敷くことを「布団をひく」と言い間違えることがあります。布団を敷くとき、私たちは後退動作をするので、息をぶつける場所を奥にしたほうが、動作と発音体感が一致するからです。所作と意識と発音体感。これらは三位一体となって、私たちの脳の中にあるようです。

話を戻しましょう。ゆるし、受け入れる体感を作り出す「ゆ」の話でした。

妙に刺々《とげとげ》しい気持ちになって、周囲との折り合いが悪いと感じることはありませんか？私はそんなとき、密かに「ゆ」と発音してみます。すると、不思議なことに、刺々しさがやわらいで、周囲と融合するような気がします。私が周囲をゆるしたのか、周囲が私をゆるしたのか、そのどちらともつかないままに。だけど、まぁ、たぶん、その二つは同じことなのだと思います。ゆるし、ゆるされる。その二つを一緒にしたのが、「ゆだねる」なのかもしれません。

こうして、ゆるし受け入れる体感を作り出す「ゆ」は、ゆるしを受け入れる心情をも作り出します。ことばと心、どちらが先でもいいようです。刺々しい気持ちのときにこそ、刺々しいことばを捨てて、「ゆ」のことばを使ってみる……それができたら、人生が変わるかもしれません。

美人のくちびる❼　逢いたい人に逢う呪文

自分からデートに誘っておきながら、「ゆるしてあげる」でしめるのが私の得意技。

「来週の火、水、やっと身体が空《あ》いたの。ねぇ、何か美味《おい》しいもの食べましょ。当日のエントリーもゆるしてあげる。とっても、会いたいから」

私の忙しい男友達たちは、「そろそろ会わない？　いつが空いてる？」なんてやっていると、いろいろ仕事が飛び込んできて、永遠に会えない。オトナの男たちは仕事の責任が重いので、自分の楽しみを優先することができないのだ。残業している部下を尻目に女友達とのデートなんて、いっそ後ろめたいから、「ここは、あのプロジェクトの仕上げだしなぁ」「ここは予算の週だしなぁ」と、手帳の欄が空いていても、なかなかデートで埋める勇気がないのである。

そこで、「来週の火、水」と決めうちにしてあげる（そうはいっても二日くらいは用意しておくのがポイント）。追い詰められた彼らは、なんとかそこをやりくりしようとして、部下を置いて早く帰る後ろめたさを忘れてくれるのだ。しかも、「当日のエントリーもゆるしてあげる」と言っておけば、早々とは断れないので、会える可能性も上がる。

あげくNGで「ごめんね」のメールをもらったら、「おかげで、推理小説を一冊、読み終えたわ。久しぶりのディック・フランシスに興奮した。今度貸してあげるね」と、彼のいない時間をすっかり別の手で楽しんだことを知らせておく。

決めうちで軽やかに誘って、NGだった場合の遺恨を残さない。その入り口は「ゆるしてあげる」。

「ゆるしてあげる」は、見た目の効果も見逃せない。

「ゆ」は、口角を絞めて、くちびるをふんわり解く音。つまり、キスマークのくちびるになる。続く「る」も最後の「る」も、キスマークのくちびる。しかも、くちびるの中で舌がちらりと翻《ひるがえ》る、よりセクシーな口元に。

だから、「ゆるしてあげる」と囁いた口元は、セクシー&キュート。メールもいいけど、たまには目の前で言ってあげたいことばでもある。

「ゆるしてあげる」……行儀《ぎょうぎ》がいいのに女らしさを匂わせる、極上の美人テクニックである。

よ

ようこそ、ようやく、よる、よりそって、ようえん——。

「よ」は包み込む、ゆるし。官能に寄り添う音韻である。

「よ」は、口腔を小さく使うイから、大きく使うオへの緊張緩和で出す音です。イオと一拍で発音すると「よ」になります。

口腔をゆるやかに閉空間にするので、夕暮れに夜の帳《とばり》が降りるときのように、穏《おだ》やかに暗く、包み込むような体感を伴います。

「寄り添う」、「夜」、「宵」、「妖艶」、「酔う」……「よ」のことばたちに、妖しく艶《つや》がある印象を添えているのは、意味よりも、その発音体感なのかもしれません。

●「ようこそ」「よろしく」は境界線を消すことば

「ようこそ」「よろしく」「ようやく」「よしよし」は、「よ」の、ゆるやかに包み込むような癒しを彷彿《ほうふつ》とさせることばたちです。どれも、長い旅の末に、安らげる場所に辿り着いた感じがするのは、「よ」の語感と無縁ではありません。

日本人は昔から、会話の中で、この「よ」の効果を上手に使ってきました。

「ようこそ」は、来訪者を許容したことを示す挨拶。「よろしく」は、自分への許容を願い出ることば。「よろしいでしょうか?」は、現状への許容を促《うなが》すことば。これらは、意味よりも強く、語感の効果で、話し手と聞き手の心を一つにします。

「お母さまに、よろしくお伝えください」「彼によろしく伝えてね」の「よろしく」は、縁を分かち合った相手の身内にまで、解け合って包み込む癒しの波動を伝えることばです。

「ようこそ」「よろしく」を多用する私たち日本人は、許容して包み込んでいくことを人間関係の基礎にしているのです。国際舞台で、権利を声高《こわだか》に主張しないのも、自分が悪いわけでもないのについ謝ってしまうのも、「ようこそ」「よろしく」の国だから。国際人としては非難されるこれらの行動も、「許容しあう民」の癖だと思うと、愛しいではありませんか。

逆に、自己主張のしっかりした国際人を作りたかったら、「ようこそ」「よろしく」を禁ずるべきなのかもしれませんね。嫌な社会になりそうですが。

ヤ行のことばたちは、どれも境界線をやわらげる優しさの音韻ですが、「や」は、障子越しの光のように、境界線を超えて周囲を照らす、明るい優しさ。「ゆ」は、境界線を解いてゆるし、受け入れる癒しの優しさ。「よ」は、境界線の内も外もすべて包み込んでしまう、まさに夜の帳のような大きな許容の優しさなのです。後続の母音によって、優しさの種類が違うのが面白いですね。

美人のくちびる❽ 恋を永遠にする呪文

「傍にいて。今夜はただ、寄り添っていたいの」

オトナのカップルなら、そう囁いて、寄り添うだけのひとときがあってもいい。二人を大きく包み込む、優しい許容が降りてくるように。

何かを頑張らなくても、存在だけで許容される関係。私の大好きなひとには、その絶対の安らぎをあげたいと、願うように思う。口説き文句も、贈り物も、褒めことばも、約束も言い訳も何も要らない。過去も未来も、失言も忘却もいけず、もやんちゃも、みんな許容してあげたい。「寄り添う」という許容の音韻のもとに。

不思議なもので、私が彼を許容すればするほど、彼も私を許容する。私が太ろうが、老眼になろうが、皺が増えようが、彼は気にもかけずに傍らにいるのだもの。ときに、わけもなく不機嫌になっても、彼は気にも留めずに私の手を握っている。十年前も私たちはこうしていて、きっと十年後も変わらずにこうしているのだろう。

寄り添いましょう。私たちは、ようやく出逢えたんだもの。きっと、何千年の思いの果てに。

私の大好きなひとは、私がそう言うと、必ず「よしよし」と頭を撫でてくれる。「よ」の音を重ねて更《ふ》けていく、こういう夜が、私はとても好きである。

わ

わいわい、わくわく、わ、わおん――。

「わ」は広がって、楽しそう。

ワ行音も、母音から他の母音への変化で作る、二重母音ともいうべき特殊な音韻です。ウからアへの変化で出すのが「わ」、ウからイへの変化で出すのが「ゐ（ウィ）」、ウからエへの変化で出すのが「ゑ（ウェ）」、ウからオへの変化で出すのが「を」。ウからの変化音なので、ワ行にウ段音はありません。

現代仮名にはない「ゐ」「ゑ」ですが、カタカナ語のウィ、ウェとして現代人にも馴染みのある音韻です。

●「わ」にはエンターテインメント効果がある

「わ」は、ウからアへの変化で出す音です。ゥアと一拍で発音すると「わ」になります。舌をぐっと奥に引っ込めるウから、口腔を高く上げ、喉の奥までさらけ出す開放の母音アへ。ダンサーが、腕をぎゅっと縮めてから、ぱっと広げるような、大袈裟で楽しげなアピールを作り出すのが、「わ」の発音体感です。

「わっ」は、だから、人を驚かすときに使われます。縮んだ舌が、ぱっと広がる感じが、人の心を揺るがすからです。

「わいわい」「わくわく」「わっしょいわっしょい」は、「縮めて、ぱっと広げる」を重ねて、膨らむ期待感を表現しています。

「行くわ」「逢いたいわ」など、語尾に使う「わ」は、エンターテインメント効果があります。大袈裟で、楽しげです。「逢いたい」なら、一途に思いつめた印象ですが、「逢いたいわ」というと余裕が感じられます。相手をからかっているような、あるいは恋する自分を茶化《ちゃか》しているような、女であることを謳歌している女性たちのエスプリの語感なのだと思います。

関西弁では、男性でも「いくわ」「おもろいわ」のように、語尾に「わ」をつけます。

会話は、少し大袈裟に、楽しげに。関西人のサービス精神の表れのような語尾の「わ」です。

ウィ、ウェ、ウォ（共通子音W）は、ワ同様、ウから他の母音への変化で発音します。「ぐっと縮めて、強く前に出す」ウィ、「ぐっと縮めて、横に広げる」ウェ、「ぐっと縮めて、大きな閉空間を作り出す」ウォ。どれも、ワと同様に、大袈裟で楽しげ。娯楽性を感じさせます。

偉大なる「閉空間の娯楽ランド」を創生したウォルト・ディズニーが、ウォで始まる名前の持ち主なのは、単なる偶然なのでしょうか。

雲のように、境界線が膨張して広がる印象も、「わ」の発音体感からくるもの。「ふわふわ」は、だから、雲のような広がりを表します。「そわそわ」は、心が境界線をはみ出して、高揚している感じ。「たわわ」は、果物などが、枝振りや葉陰からはみ出すように実った様子です。「きわ」は、境界線から身体半分はみだしてとどまっている感じ。「しわ」は、境界線をはみだして、だらしなくたわむ皮膚や布。「わきみず」「さわ」「かわ」は、溢れて流れる水の様態。

はみ出して広がる、多くの事象に、「わ」のことばが与えられているのです。

「わ（和）」は、まさに、口腔の出来事をそのまま意味にしたことばだと思います。境界線が広がって、別々のものが一つのオーラに包まれる様《さま》が、「和」ということばの原点なのでしょう。

「わたし」と名乗ったとき、自分が広がって、相手に届きます。「We」と名乗ったとき、自分が広がって、相手に届きます。どちらもコミュニケーションの要《かなめ》になることばですね。

●「ゆらぎ母音」で麗人《れいじん》になる

優しさ、ゆらぎ、酔う、わくわく……Y音とW音は、母音のゆらぎで出す音たち。どれも境界線を柔らかく侵す体感を作り出します。受け入れるのか、はみ出してくるのか、その差はあるけれども。

これらは、好意的な人間関係では、期待感を高める、誘惑の語感。見知らぬ人と接するときには、ゆるしあう優しさの証となります。

英語では、I, We, Youなど、母音のゆらぎを人称に使い、コミュニケーションの要にしています。Yes/Noをはっきり表現する英語人は、一方で、文章の最初にちゃんと相手への気遣《きづか》いを見せているのです。

しかし、悪意の関係となると、なんとも怖いのが、この〝ゆらぎ母音〟の音たち。

たとえば、四谷怪談《よつやかいだん》のお岩《いわ》と伊右衛門《いえもん》。「よつや」の「よ」と「や」、「おいわ」の「わ」、「いゑもん」の「ゑ」。母音がゆらぐ音韻のオンパレードです。怪も、昔は「くわい」と読みました。

「四谷怪談、お岩、伊右衛門」を、あらためて口腔の動き通りに表記してみましょう。

「ぃいおつぃあくぅあいだん、おいぅあ、いぅいえもん」。母音の占有率が高く、ひどくゆらいでいます。

「ぃおつぃあくぅあいだん、おいぅあ、いぅぃえもん」

そうつぶやくと、意識がゆらぎ、心惑わされ、じんわりと不安にさせられるようではありませんか。迷い迷って、化けて出てくる感じが、ものがたりを表す三語の語感に、既にして満載に盛られているのです。

「番町皿屋敷《ばんちょうさらやしき》、お菊《きく》」の語感には、ここまでの迷いがありませんから、怪談の王道は、やはり「四谷怪談、お岩、伊右衛門」に尽きるような気がします。

ちなみに、歌舞伎の役者さんのセリフをよく聞いてみると、「いいぃえもん」「いぅぃえもん」のどちらもを使っています。新婚のお岩さんは甘えるように「いぃえもんさん」と呼ぶのに、病みさらばえて、恨みを重ねるごとに「いぅぃえもんさん」に。その変化の効果は絶大です。

迷いといえば、「いや」「よして」「ゆるして」は、拒絶のことばなのに、迷いの〝ゆらぎ母音〟を持っています。言われた側は、拒絶されたにもかかわらず、なぜか心を惑わされ、官能的な思いに駆られます。

タブーが少なくなってしまった現代では、「よして」「ゆるして」と懇願する女性も、きっと絶滅寸前なのではないかしら。その前に、強く思いを通そうとする男性のほうが、もっと希少なのかもしれないけれど。

「いやだわ」「よろしくてよ」「いきますわ」と並べていくと、まるで江戸川乱歩の世界。語頭のY音と語尾のW音の組合せは、心惑わす空気を作り出し、耽美的な麗人を思わせます。こんなセリフ、並べて使う女性ももういないでしょうが、現代女性でも、「いやだわ」一つくらいなら、使えますよね？「いやだわ、ハンカチを忘れたみたい」「いやだわ、黒猫が横切るなんて」というふうに。

切り口上の現代語をしゃべっている女性が、ふとそんなことばをはさんだら、心ゆらす男性がいるかも。ときには、周囲の心を惑わしてもいいと思います。女に生まれた特権ですから。

美人のくちびる❾　ことばで抱き寄せるひと

私の大好きなひとは、ときどき自分のことを「わたし」と呼ぶ。たとえば、「いいよ、私がやっておこう」とか「私は、ビールをもらおうか」というように。

私は、オトナの男が、一人称に「私」を使うのが大好きだ。

「わ」は、境界線が膨らんで、周りを包み込む印象を作り出す音韻である。したがって、彼が「わたし」と言った途端、彼の境界線が膨らんで、私を取り込んでしまうのがわかる。彼の「わたし」によって、私は、きれいに彼に属してしまうのだ。

日本語の日常会話は、あまり一人称を使わない。「(私は) ワインをもらおうかな」「じゃ、(私が) 電話をしておこう」の ( ) は省略できる。

ところが、私の大好きなひとは、ときに、気まぐれに「わたし」を使うのである。何気ない会話の途中で、私は、思いがけず、彼に属してしまう。まるで、いきなり抱き寄せられたみたいに。

彼が、「いいよ、私がやっておこう」と何かを引き受けてくれたとき、私は、誇らしい気持ちでいっぱいになる。彼に属し、彼に守られているのがわかるから。

オトナの男たちよ、「わたし」をどうか、効果的に使って欲しい。女たちを、ことばで抱き寄せて欲しい。

私の大好きなひとには、もう一つ、印象的に使う「わ」のことばがある。それは、「わな（罠）」。

たとえば、私が、「あなたもやっぱり若い女の子が好きなの？」なんて質問をしたとき、「その質問は、何かの罠なの？」と聞き返す。「これからは、あなたのことをもっと自由にしてあげることにしたわ」と宣言したときも、「それは、何かの罠？」と言ってたっけ。

漠然と不安を感じたとき、彼は、私を語感で抱き寄せる。「わな」……境界線を膨らませて私を取り込む「わ」と、優しく撫でる「な」で。

ところで、オトナの男たちは、けっして「あたし」は使わない。似ているようだけれど、対話の相手を包み込む「わたし」と、自分を押しつける「あたし」は、語感のもたらす効果は、まったく違うのである。

お願い、私を見て。そんな印象をもたらす「あたし」を使うのは、幼い女の子と、ゲイの男性だけである。

ちなみに、ゲイの男性が自らを「あたし」と呼ぶのを、私は愛おしく聴いている。なかなかさらけ出すことのできないいのちの痛みを、あえて人目にさらす「あたし」。ユーモラスで悲しくて、シャンソンの歌詞のようだもの。

小さな女の子が「あたし」と名乗るのは、「素《す》のままの自分」をさらけ出すのが、彼女たちの自然な資質だからである。何の遠慮もなく、素のままの自分をさらけ出すことができるのは、少女の特権だ。十分に存在を認められていて、だけど、大人たちがちょっと忙しくて、べったりとはかまってもらえない女の子。そんな、女の子の自我を育むのにはちょうどいい環境にいる子たちが、「あたし」をよく使う。

長じて、対話で相手との距離感を測《はか》るようになると、「あたし」が自然に「わたし」に変わる。「私」が相手に届くように。そう願うからに違いない。

そういえば、私自身が「あたし」を使わなくなったのはいつだったのだろう。小学校一年の作文の時間に、「あたし」と言うのに、なぜ「わたし」と書くのかしら、と思った覚えがあるのに。

「あたし」が、自然に、「わたし」になる。女の子が自然にオトナになるときだ。私は、きっと、とても幸せに、オトナにしてもらったのに違いない。

第3章　親密感を作り出す、撫でることばたち

な

なでる、なみ、ないて、なつかし、なぎ、なおる——。

「な」は、親密感と開放感のダブル効果。親密なのに、後腐れがない。

ナ行音は、上あごを舌で撫であげつつ、声帯振動を鼻腔に響かせて発音します。撫でる舌の柔らかい密着感と、甘い鼻声が身上の、親密感、共感を作り出す音たちです。とはいえ、後続の母音によって、その余韻はかなり異なります。

●「な」は後腐れがない親密感を作り出す

「な」の発音時、私たちは、舌を広くして、ぺったりと上あごにくっつけた後、すぐに口腔を高く上げて、舌を潔くはがします。

音響自体は、声帯振動を鼻に響かせて作ります。顔のすぐ後ろの柔らかい振動は、自我を感じさせ、甘く響きます。この甘い音響時間が、「な」は他のナ行音に較べて比較的短いのです。

つまり、思いっきり甘えるけれど、すぐにあっさり、あっけらかんとした状態になってしまうのが「な」の発音体感となります。

これに比べて、舌の密着面積と時間、鼻声の音響時間が最も長いのが「ね」。「甘える時間」が最も長いのです。

このため、会話の中で共感を求めるときに使われる「な」と「ね」には、明らかな感性の違いが生じています。「な」はあっけらかんとして後腐れがなく、「ね」には押しつけがましい感じが残るのです。

「そうだよな」という上司と、「そうだよね」という上司、反論したときの面倒くささが大きく違いがあるのは、だから、当然なのかもしれません。

ちなみに、「な」の名前の持ち主には、思いっきり甘えられて、かつ後腐れがない印象があります。男性で、「な」の苗字の持ち主は、かなり得しているような気がするのだけど、どうなのかしら？　ね、なかむらさん（なかたさん）（なかたにさん）（なかじまさん）……。

●「夏の日」はなぜ懐かしい感じがするのか

舌を広く密着させた後、高々とした口腔を作る「な」には、広々と覆い尽くす何かを、遠くから眺めるイメージもあります。

「波」「凪《なぎ》」「懐かしい」などは、このイメージと意味が一致したことば。「夏」も、暑さがべったりとまとわりつく日本の夏、しかも抜けるような青い空に、積乱雲が高く積みあがる日本の夏にはよく似合う音韻です。

はるか遠い「な」で始まるこの「夏」には、他の季節の呼び名にないノスタルジックな印象があり、「夏休み」「あの夏」とことばを紡《つむ》ぐだけで、懐かしく切ない気持ちになるものです。「春休み」「あの冬」とは少し違いますよね？

一方、Summerは、湿度の低いヨーロッパの夏に似合う爽やかな音韻。風土が違えば、季節の呼び名もかなり違います。

私が高校時代に読んだ『十七歳の夏』という青春小説は、六十年代のアメリカの甘くほろ苦い青春小説でしたが、最後のページの原題〝Seventeen's summer〟を見て、不思議な感覚がしたのを今でも覚えています。

「ジュウナナサイ　ノ　ナツ」には、遠く懐かしむ感じがありました。このため、私自身が十七歳だったのにもかかわらず、なぜか、大人になって十七歳の自分を懐かしむような気持ちで、この本を読んでいたのです。ラストシーンの切ない別れにも「そんなこともあるよね、人生には」みたいな老成した感覚で。

ところが、この小説のタイトルが〝Seventeen's summer〟だと知った途端に、その感覚が消えました。しかも、同じラストシーンが、まるで違って見えたのです。初恋の切ない別れというより、ボーイフレンドと一緒に古い自分を脱ぎ捨てた、後味爽《さわ》やかな、自立を描いた小説に変わってしまったのでした。

「夏の庭」「夏の家」「夏の日のできごと」など、映画や小説のタイトルに「夏」を持ってくると、なぜか、遠く懐かしい思い出の描写のような気がするのは、「な」の音韻の効果も大きいのかもしれません。

「夏の日」というと「あの夏の日」のような感じがし、「春の日」というと「ある春の日」のような感じがする。こういう音の余韻も含めて翻訳しないと、本当の感性は伝わらないように思います。だから私は、自分の気持ちを英訳しようとするとくたくたになってしまいます。

この世でもっとも短い愛の告白

歳を重ねてくると、恋愛の手順を踏むのが、少々面倒くさくなる。

異性の愚痴に、「あなたは十分頑張ってるわ」とか「あなたの才能に、上司が気づかないのね」なんて励ましの相槌《あいづち》を打ったり、恋の駆け引きをしたり。

長年、女をやっていると、わかることがある。男と女は、縁でつながる。仏頂《ぶっちょう》面《づら》をしてみせたって、縁のある男とはなるようになる。「きみは、可愛くないねえ」と呆《あき》れ顔で言った男が、いつの間にか、私の膝枕でまどろんでいたりする。なのに、どんなに好きでも、細心の注意を払っていても、どうにもならない縁もある。男と女を結びつけるのは、ことばなんかじゃないのだ。

ただし、気をつけて。男と女が別れるのは、案外些細《ささい》なことばがきっかけだったりする。私は、出逢いから結ばれるまでのことばには無頓着だが、その後のことばには気を使う。

さて、話題は、新しい男女の出逢いである。

四十代半ばまでは、肌の馴染んだパートナーがいても、新しい異性と「触れるか、触れないか」のことばを交わすことは、けっこう楽しかった。互いを探り合う、お決まりの会話（プロトコル）で始まる、二人の関係。ダンスパーティで、誰かを誘うのと一緒だ。脅えさせないように、自然に相手の視界に入るように近づいて行く（後ろからいきなり声をかけたらいけない）。近づきすぎないところで、声をかける。「一曲、踊ってくれませんか？」

ダンスパーティでは、このプロトコルが守れないと、無粋な男になってしまう。街のレストランでも、男と女は、定型の〝ご挨拶〟で探り合う。「仕事のほうはどう？」「元気？」「最近、○○にはまってるの」

この定型の〝ご挨拶〟を、私は、あるときから、「やや、億劫《おっくう》」に感じるようになった。と同時に、フルコースの前菜も、量を控えめにしてもらうようになった。もう、本質的なことしか受け入れる許容量がないのだろう。

同世代の、私の大好きなひとは、どうなのだろう。ある日、私はふと気になった。あなたはまだ、若い女の子とプロトコルを交わしているの？

彼の答えは、簡潔だった。

「意味がない」

「まったく、その気がないの？」

「ないね」

「面倒臭いの？」

「理由の大部分は、正直に言うと、そういうことだ」

私が眉を上げたら、まるで、いたずらがばれたような顔をする。面倒くさくなければ、その先の関係はやぶさかでないわけね。まぁ、別にいいけど。

「理由の大部分」じゃないほうが少し気になったけど、それ以上に、「面倒臭い」にくすりと笑ってしまった。このひとも、私と同じ年代を生きているのだなぁ、と、しみじみする。

恋愛プロトコル。男性相手ならまだなんとかなるけれど、女の子相手に、これを端折《はしょ》ると厄介《やっかい》だ。ゴールまでの道のりも、男の子の倍以上である。中年男なら、もったいぶった彼女の涙に、翻弄《ほんろう》されてもあげなくちゃならないしね。

まるで、一度達成したロールプレイングゲームを、もう一度最初からやるみたいな、うっとうしさである。けど、それを全部すっ飛ばして、ベッドだけじゃ、悪者にされかねない。だけど、彼女が匂わせたベッドへの誘いを無視したら、もっと思いっきり悪者にされる。

なんて、一瞬のうちに深く理解してしまったので、私は、

「たしかに、そのとおり。わかる。すごく面倒臭い」

と、男同士のような口を利いてしまった。

「だろう？　そうなるっていうのは、よっぽどのことだよ」

つられて彼も、男友達に言うように、そんな口を利いた。そして、そのあと、私の目をのぞきこんで、優しく
「な」

と、念を押したのである。

最後の「な」だけ、男と女のトーンだった。うん、と私も、女に戻ってうなずいた。その昔、彼が「よっぽど」の扉を押した晩を思い出して、胸が熱くなる。

たった一文字の「な」なのに、発音体感が創りだす陽気な親密感は、これまでの私たちの遥かな時空を、一瞬のうちに覆い尽くしてしまった。以来、彼とは、ことばを交わさなくても、逢えなくても、不思議と一体感が消えないのである。

遥か遠くまで覆い尽くす「な」の発音体感。たった一言《ひとこと》の「な」は、私たちの

未来の時空も埋めてしまったのかもしれない。

一千回の「愛してる」より満ち足りている、たった一文字の「な」。私が、今《こん》生《じょう》でもらった、もっとも短い愛の告白である。

に

にくい、につまる、にえきらない、アンニュイ、ニュアンス——。

「に」は、親密感と硬さの、相反するダブル効果。親密なのに、辛らつである。

「に」の発音時、私たちは、舌を広くして、ぺったりと上あごにくっつけた後、すぐに口腔を狭くして、舌の筋肉を緊張させます。

音響自体は、声帯振動を鼻に響かせて作ります。顔のすぐ後ろの柔らかい振動は、自我を感じさせ、甘く響きます。「に」の発音では、この甘い音響時間が、舌の緊張によって、こじ開けるように寸断されます。

つまり、思いっきり近づいて、一気に突き放した感じがするのが「に」の発音体感となります。

●親密なのに辛らつ、優しいのに厳しい「に」

「にくい」「にえきらない」「にべもない」ということばには、惚れているからこそ、期待しているからこその苛立《いらだ》ちが伝わってきます。単なる嫌悪感ではないのです。そのイメージは、舌を柔らかく密着させた後に尖らせる、「に」の発音体感に由来します。

たとえば、「にいさん」と呼べば、親密感と力強さを感じさせます。身内には優しいけれど、敵には厳しいアニキという存在。私には兄はいないけれど、この語感を確かめるたびに、誰かを「にいさん」と呼んでみたかったなあと思います。

ただ、兄が結婚すれば、妹は「内」なのでしょうか、「外」なのでしょうか。昨日まで優しさの対象だったのに、今日から厳しさの対象になるとしたら、世の妹たちがこじゅうとに変身してしまう気持ちもわからないではありません。彼を兄と呼ばなかった姉たちのほうが、こじゅうととしては扱いやすいのではないかしら。

相反する要素を併せ持つ「に」には、曖昧でミステリアスな印象も残ります。ニュアンス、アンニュイという外来語は、雰囲気、けだるい、曖昧などと意訳することができますが、訳語にしてしまって「ニュ」と取ると、せっかくの曖昧な印象が消えてしまいます。だからこそ、言いにくく書きにくいことばなのにもかかわらず、そのまま使われているのでしょう。

「にゃぁ」と泣く猫は、親密なのか辛らつなのかよくわからない、気まぐれな生き物です。気が向いたときには擦り寄ってくるくせに、気が向かなければ爪を立てる。彼らは、そんな曖昧な生き方を、「にゃぁ」と泣くから許されているのかもしれません。親密で辛らつな「に」の音で泣くからこそ、そんな態度を取っても許される。彼らが「わん」とか「ちゅう」と泣く動物だったら、そんなわけにはいかなかったかもしれません。

美人のくちびる⑪　男ごころを翻《ほん》弄《ろう》する呪文

憎い。

私は、このことばが、今ひとつぴんとこない。ものごころついた頃から、誰かを「憎い」と思ったことがないのである。聖人君子というわけじゃない。人を嫌悪したことはあるのだけど、「憎い」というよりは「気持ち悪い」のほうなのである。

テレビドラマの人殺しのシーンで、「あなたが憎い」とつぶやく女優のセリフも、なんだか絵空事のようで、腹に落ちてこない。文脈上の意味はわかるのだが、「人ひとり、殺すほどのこと？」と、ぴんとこないのだ。

もちろん、人を殺したくなる、という感情は、想像することはできる。たとえば、息子に残酷な仕打ちをする人間がいたら、私は殺意を感じるだろう。しかし、その際にほとばしる感情は、けっして「憎い」というようなことばにはならない。おそらく、どんなことばにも結実しないような気がする。私は黙って、殺意と対《たい》峙《じ》することになるだろう。それは、私が想像できる、最も過酷な人生時間である。

お子さんに何かあって、そういう人生時間を送る方のことを思うと、本当に胸が締めつけられる。その過酷な感情に、「にくい」という語感では、あまりにも何かが足りない気がするのだ。

だから、ときおり遺族に向けられるマスコミの「犯人が憎いですか」という質問に、私は戦慄《せんりつ》してしまう。なんて無神経な質問をするのだろう、と。それを遥かに超えて、ことばが見つからない、というのが遺族なのではないだろうか。

語感を分析するようになって、「憎い」に長く感じていた、その違和感の理由がわかるようになった。

「にくい」ということばの特徴は、そのことばの冒頭に、甘えがあるのである。先頭音「に」の前半で、舌を上あごにぺったりとくっつけて甘えている。なのに「に」の半ばで、〝甘えの舌〟が容赦なくはがされる。続く「く」は、喉の破裂を、舌で食い止める体感である。「に」との組合せで、ほとばしる感情を押さえ込まれたような印象を作ってしまう。「い」は、口腔を細く緊張させて、突き刺すような印象になる。

したがって、「にくい」は、甘えたのに拒絶され、ほとばしる感情を押さえ込まれた……そんな思いをまっすぐにぶつける発音体感なのである。先に、相手に対する甘えや期待がなければ、この感情には転じない。

つまり、「憎い」というのは、単に負の感情を表すことばなのではなく、惚れた男に裏切られた、信じていた友人にコケにされた、というような状況で使われるのに似合うことばなのだろう。また、ときに「甘やかな思い出」を奪った相手にも向けられる。自分の愛する人を奪った者が憎い、という使い方も当然ある。

かつて甘やかな思いを寄せた相手に裏切られた、あるいは甘やかな思いを寄せた誰かを失った。「にくい」の発音体感には、そんなものがたりがあるのである。

したがって、「にくい」ということばの裏には、「もっと、甘やかな思いをしたかった」という我の強さが滲み出す。残念ながら、使い手を、ひどく醜く見せることばである。私の大切な人たちには、けっして口にして欲しくない、筆頭のことばである。

ただし、「憎らしい」は、また少し様相が違う。

「にくい」に、華やかなラ行音、爽やかなサ行音を足した「にくらしい」は、「にくい」を茶化したような印象になって、「もっと、甘えたい」「もっと、ほとばしるように愛したい」の意思表示になる。色っぽい関係の二人なら、どうぞ使って。女性の「にくらしい」は、「好き」の何倍も男心を翻弄するから。

「なんて、憎らしいひと」

そのひとの腕の中にいて、そのひとに満ちる時間をもらった後には、特に効きます。

ぬ

ぬめり、ぬくもり、ぬえ、ぬらり——。

「ぬ」は、つかみどころのない、柔らかな何か

「ぬ」の発音時、私たちは、上あごに貼りつけた舌をはがしつつ、舌を縮めます。縮む舌は喉奥で厚みが増すので、小さくなったにもかかわらず、存在感が増すのです。舌自体は縮小したのに、口腔側は舌が膨張したように感じる。この自己矛盾の作り出す〝得体の知れなさ〟が、「ぬ」の発音体感の一つなのです。

●得体の知れない、つかみどころのない「ぬ」

鵺《ぬえ》は、得体の知れないものの象徴として隠喩《いんゆ》に使われる、想像上の獣です。サルの頭、タヌキの胴、トラの脚、ヘビの尻尾を持つ怪物で、夜中に不吉な鳥の声で鳴く、と言われ

ます。しかし、辞書を引くと、一番最初に「トラツグミの異名」（三省堂、大辞林）とあります。本来はトラツグミという夜鳴き鳥の異名だったのが、いつの間にか、「ぬえ」という名前だけ一人歩きして、得体の知れない想像上の獣に置き換えられたのだというのが定説のようです。

縮小したのに膨らむ、得体の知れない「ぬ」に、身を沈めて後ずさる印象を作り出す「え」。「ぬえ」の語感の得体の知れなさは計り知れず、それがことばの本来の意味を変えてしまったのでしょう。

舌が滑るように縮む「ぬ」は、軟体動物をつかんだときのような、滑るような蠢《うごめ》くような、つかみどころのない印象を口腔内に作り出します。「ぬめり」「ぬるぬる」「ぬめぬめ」「ぬかるみ」「ぬま」などは、その好例。「ヌガー」は、キャラメルよりも柔らかいソフトキャンディの一種。あの歯にくっつく粘る柔らかさは、「ぬ」音でしか表せず、キャラメルにもキャンディにも置き換えられることなく残りました。

「ぬく（抜く）」は、まとわりつく周囲から、滑らせるようにして対象物を取り出すこと。「ぬる（塗る）」は、ものの表面に滑らせるように、柔らかい何かを乗せて行くこと。「ぬう」は、滑るように蛇行して行く様。「ぬ」のことばを並べていくと、まるで擬態語のように見えてきます。

柔らかくまとわりつく「ぬ」は、スザンヌ、カトリーヌ、ジョセフィーヌのように欧米の女性名にはよく使われます。柔らかくミステリアスなこの音韻が、日本の女性名にあまり使われないのはなぜかしら？　意外にも日本人の女性観は、明るく逞《たくま》しいのかもしれませんね。そういえば、世界中の母親がママやマーマーと、まろやかなM音で呼ばれているのに、日本では「かあさん」。かなりドライな、力強い印象です。

●「ぬるい」と「ゆるい」の違い

「ぬ」は、舌を上あごに張りつかせる時間が長く、上あごに舌の温かさが残ります。また、舌が喉を塞ぎ、息が停滞するので、鼻腔には息の温かさが残ります。すなわち、「ぬくもり」は、〝名残の温かさ〟なのです。

だから、私たちは、発熱中のものに手を当てて「ぬくもりがある」とはあまり言いませんし、温情をくれた人の目の前で「あなたはぬくもりがある人だ」とはあまり言いません。「布団にまだぬくもりが残っている」とか「あの人には、ぬくもりを感じる」というように、既にそこに〝発熱体〟がない状況において、名残を味わうように使います。

考えてみれば、不思議なことですね。国語の時間に、「温かみ」と「ぬくもり」の使い分けを教わったわけじゃないのに、多くの日本人が、「ぬくもり」を名残の温かさだと知っているのですから。

名残の温かさなので、半端《はんぱ》な温度であることは否めません。「ぬるい」は、まさに「半端な温度」を表していますし、「手ぬるい」といえば、厳しさに欠ける半端な事態を指します。

舌が喉を塞ぎ、息が停滞する「ぬ」は、半端なだけでなく、もたついた印象も呈します。最近使われる「ゆるいキャラ（ゆるキャラ）」や「ぬるいキャラ（ぬるキャラ）」という表現は、中途半端な性格や、可愛くもない微妙なキャラクターデザインを指しますが、「ぬるいキャラ」のほうが、いっそ田舎くさく、もたついた感じがするようです。

「あの人って、ゆるいキャラだから」には好意が残っていますが、「あの人って、ぬるいキャラだから」には悪意が感じられます。初めて聞いた表現でも、「あなたって、ゆるキャラ」はぎりぎり笑って受け流せそうですが、「あなたって、ぬるキャラ」は捨て置けない感じ。やはり、語感は、暗黙のうちに、万人共通の基本情報として交換されているようです。

情愛の呪文

「ぬ」という音韻は、私を挑発する。

本の中に、「ぬ」の音を見つけると、目が吸い寄せられて、離せなくなるのだ。実際、「ぬ」のことばは、尋常ならぬ事態を予感させる。殺人者のくちびるは、ぬらりと艶めく。殺人現場になる川は、夜の闇の底にぬらぬらと流れる。

鵺《ぬえ》ということばを初めて見たときは、私は興奮して眠れなかった。「ぬえ」に生まれ変わってみたくて、仕方がなくなったのである。もちろん、トラの脚やヘビの尻尾に憧れたわけじゃない。ぬえ……その語感のまがまがしさに、憧れたのだ。

幻よりも存在感があって、幻よりも見えない「ぬえ」。見えないくせに、生臭い息や、生温かい手触りだけは伝わってくるようだ。まがまがしい存在なのに、けっして攻撃はしてこない。凶兆なのに、一度手にしたら何だか手放せないような、妖しいぬくもりがある。

そう、たぶん私は、それになってみたかったのである。まがまがしい凶兆なのに、そのぬくもりが愛しくて手放せない存在に。そういう情愛の対象に。「美しいから」「賢いから」「元気だから」「役に立つから」愛されるなんて当たり前すぎる。「まがまがしいのに」「醜いのに」「怠惰《たいだ》なのに」「見たくもない」のに手放せない、っていうのは、なんとも素敵だ。

「ぬえ、って、どう思う？　このまがまがしい語感」

あるとき、私の大好きなひとにそう振ってみたら、彼はしばらく考えて、こう答えた。

「きみを、ひらがな一文字で表すなら〝ぬ〟だなぁ。端っこの結び目が、何かというとちょこっとからんでくるあなたに似ている」

おっと。彼にとって、私は既にして「ぬ」？

「醜いのに」「怠惰なのに」「見たくもない」のに手放せない。確かに、中年のパートナーなんて、そんなものなのかもしれない。憧れなくたって、女も五十を過ぎれば、「ぬえ」に近づくのね。

彼は、指で「ぬ」と書きながら、つぶやいた。

「それにしても、〝ぬ〟って、書く度に、この字で良かったっけ、と迷うよなぁ。メビウスの輪に似ていて、幻惑される」

私は、語感と文字の関係を思った。つかみどころのない音韻は、やっぱりつかみどころのない文字で表される。感性とは、非常にシンプルな身体性の核なのだろう。発音体感も文字も、その核に触れるものだから、こんなにもぶれないのである。

それにしても、「ぬ」を書く度に、これで良かったのかと戸惑うこのひと。私に触れる度に、こいつで良かったのかなあ、なんて、思っているんじゃないでしょうね？

ね

ねぇ、ねむい、ねがい、ねっとり、ねんをおす、ね？――。

「ね」は、甘え。押しつけと、しなやかさと。

「ね」と発音するとき、私たちは、上あごに強く貼りつけた舌を、ゆっくりとはがしつつ、鼻声を響かせます。甘く響く鼻声が、ナ行音中最も長く響き、強く押しつける舌は、一体感すなわち共感を求める気持ちに繋がります。

このため、「ね」と語尾につけたとき相手に伝わるイメージは、〝共感を求め、肯定を促す〟。この語感はかなりはっきりしていて、まるで手のひらでぺたっと触られたように実感されます。このため、語尾の「ね？」だけで、「共感してくれるはず」とほぼ同義といっていいほど。その意味を学校で習うわけじゃないのに、「ね？」と言われれば、ほとんどの人が、よほどの反意がない限りうなずいてしまいますよね？

もっと近づきたい人に「ね？」と言ってもらうと嬉しいのに、逃げたい人に「ね？」と言われると萎《な》える。語感が共感欲求を強く実感させる「ね」は、使う相手に注意しなければならないようです。

●「ね」に込められた共感欲求

上あごに舌を強く貼りつける感覚は、何かを押しつける（あるいは押しつけられた）感覚。依存のイメージにも繋がります。

「ねじる」「ねじふせる」「つねる」は、つかんだ対象に、押しつけるようにしてダメージを加える動作です。

「ひねる」「ひねくれる」は、熱さと冷酷さを感じさせる「ひ」に、依存と押しつけの「ね」の組み合せ。熱いものを押しつけられたような、依存を冷たく拒否されたような、ぞっとさせる語感に仕上がっています。「ひねくれる」は、放っておかれた子どもよりも、何かを押しつけられた上に、依存を拒否された子どもに起こる現象なのかもしれません。

「ねたむ」も、かなりの依存構造を感じさせます。

「ね」に我の強さを感じさせる「が」を連《つら》ねた「ねがい」も、押しつけを感じさせることば。これに、突き出すような「い」をダブルで付加した「お願いしていい？」は、下手《したて》に出ているようで、かなり威圧的な語感なのです。

強く押しつけた舌をゆっくりはがす「ね」は、硬い舌が、柔らかくなって、まとわりつくようにはがれるので、粘性を感じさせます。まさに、ねっとり粘る感じですね。「ねん（念）」は、粘り強さが身上のことば。ちょっとやそっとじゃあきらめない、粘りの力を感じさせます。

「ねじる」「ひねる」には、抵抗感のあるものを押しつける力で制動するイメージがありますが、これは「ね」の持つ粘り効果のせい。「ねたむ」「ひねくれる」のようなマイナスイメージのことばに、ねっとりとからみつく感じが伴うのも、語感の効果です。「ね」の発音時、強く押しつけた硬い舌は、はがすときに溶けるように柔らかくなる。その変化は、強さと優しさを共に感じさせ、弾力があり、しなやかです。「あね」「ねえさん」は、意味が、そのイメージを喚起しています。

舌を広くして、上あごを覆い尽くす「ね」には、「な」同様、広く遥かに覆い尽くすイメージもあります。口腔を高く使う「な」では、遥かに覆い尽くす様を水平に眺めるイメージになりますが（波、凪、懐かしい）、口腔を低く使う「ね」では、見上げるイメージに。「やね（屋根）」「おね（尾根）」「みね（峰）」「たかね（高嶺）」は、このイメージが意味に活かされたことばです。

音色《ねいろ》の「ね（音）」は、しなやかさと広がりの競演です。楽器を弾いたときのしなやかな力強さと、筐体《きょうたい》に響いて広がる音の世界。その官能を「ね」一文字が表していて秀逸です。音色ということばの美しさは、「ね」の発音体感なしには語れません。

舌を強く押しつける上あごの感覚が勝てば、甘えや押しつけがましさに。舌が柔らかく解ける感覚が勝てば、しなやかな広がりに。「ね」の語感は、ことばと意味と照らしあうようにして、マイナスイメージからプラスイメージまでを広く訴求しています。

どの音韻も、いいイメージと悪いイメージを、美しくもしたたかに醸し出すものですが、「ね」には特にそれを感じます。「ね」は、強く密着する音。人間関係は、密着するほど、プラスとマイナスが強く出る、ということなのかもしれません。

美人のくちびる⑬　「おねだり」の効用

十分にオトナになってから、私は、「おねだり」ということばを使うようになった。メールのタイトルに、である。

「おねだり」というタイトルで、本文は「そろそろ、ちゃんこ」とか、「牛乳を一本買ってきて」とか。

男性脳は、長い文脈が苦手である。タイトルで「これを言うよ」と予告しておいて、内容文は必要事項のみ。それが一番効く。その手法において、「おねだり」は、オールマイティなタイトルなのである。「おねだり」の「ね」の密着感が効くからね。メールのタイトルが、ぴたっと寄り添ってくるような気がするはずだ。

デートの誘いも、「おねだり」＋「ゆっくり」とかで済ませてしまえる。「どうすればいいの？」と返ってきたら、「会うしかないわね」と返してあげればいい。

なんだか優しいことばが欲しい、と思ったときも、「おねだり」＋「優しいことば」とか「おねだり」＋「はげまし」で十分。彼はきっと、「何かあったの？」と返してくれる。

なんだか優しいことばが欲しい、と思ったとき、「そういえば、最近、ちっともデートしてくれてない。メールもテキトーだし」なんて卑屈になって、遠回りな皮肉を仕込んだ愚痴メールなんか出したら、相手はかなり面倒くさい。女友達からそういうメールがきたら、私だって、見て見ないふりをしてしまうだろう。

周囲に優しくされている女性は、優しさのねだり方が上手なのである。「ちゃっかり、簡潔に」が、最大にして唯一のコツ。美人だから優しくされるわけじゃない。美人だから、ちゃっかりし慣れていて、だから、優しくしてもらえるのだ。

ちなみに、私の大好きなひとは、「おねだり」＋「優しいことば」でも、見て見ないふりをするツワモノである。咄嗟《とっさ》にどんなことばをかけてやればいいのか浮かばないと面倒くさくなるらしい。なので、私は、「おねだり」＋「おやすみ、の一言」などと、より具体的に指示を出す。そうするとなぜか、「おやすみ。月がきれいだよ、みてごらん」とか「おやすみ。今日は、徹夜だぜ」などと、余分な一言をつけ加えてくれるのである。おかしなひと。

二人をどんなに時空が隔てていても、「おねだり」メールへの返事は親密で優しい。三カ月ぶりのメールだって、海を越えるメールだって、まるで今隣に座っているかのような素のささやきが返ってくる。

ただし、「おねだり」は、二人が十分オトナで、仕事に夢中になっているうちに軽く一カ月以上経《た》ってしまうようなカップル向き。毎日会っていて、今も手を握っているのに「おねだり」ということばを使うのは、少し過剰じゃないかしら。

の

の、のみこむ、ノエル、のんびり、のびやかさ――。

「の」は、柔らかく包み込む。ものがたりを創り出す。

「の」の発音時、私たちは、上あごに貼りつけた舌を軽やかにはがして、口腔内に大きな閉空間を作ります。舌は、下から何かを包み込むよう手のひらのような形になります。口腔という閉じた〝宇宙〟全体を柔らかく包み込み、深い癒しと、大らかな世界観を与える発音体感です。

●柔らかく包み込む、ものがたり性がある

宮崎駿監督の映画のタイトルには「の」が上手に使われている、というのは、既に多くの感性人が言及していることです。

「風の谷のナウシカ」「天空の城ラピュタ」「隣のトトロ」「魔女の宅急便」「千と千尋の神隠し」「ハウルの動く城」……これらを口にしたとき、私たちは、深い癒しと大らかな世界観を感じます。

たとえば「風の谷のナウシカ」は、前半の二つの「の」で柔らかく包まれた閉じた世界を感じさせ、続く「な」によって、その世界がしなやかに開放されるイメージを創り上げています。最後の「し」「か」は、どちらも口腔を吹き渡る風。「風の谷のナウシカ」というタイトルだけで、既に壮大な〝終わりと始まりのものがたり〟を予感させ、内容もそれを裏切ってはいません。

宮崎駿監督は、映画の中に異世界を描き出します。タイトルに「の」を配し、「ここに一つの世界があります」という世界観を与えることは、意外に重要なことのように思います。

私たち日本人は、英語の「クリスマス」を使いながら、フランス語の「ノエル」も良く使います。「のえる」はものがたり性を感じさせるので、奇跡が起こる聖夜にはぴったりなのでしょう。一つの事柄を指すのに、二つの言語から単語を導入してきて混在させて使うのは、ある意味、言語の掟破り。それを犯してまでも使うのですから、それだけの語感訴求力があるのです。

もちろん、日常会話の中でも、この柔らかく包み込む語感効果は活かされています。「京都桜」と言ったら、なんだか桜の樹の学名のようで素っ気無いのに、「京都の桜」と言った途端に、映画の中のワンシーンにように花盛りの風景が浮かんできませんか？「京都のしだれ桜」となると、せつない「し」とゴージャスな「だ」の効果も付加されて、オトナの不倫カップルが見る桜のよう。なのに、再び「の」を抜いて「京都しだれ桜」になると、着物の模様の一種を指す呼び名のように無機質です。

文節にものがたりを作り出す音韻「の」。日本語に「の」がなかったら、かなり寂しいことになると思います。

「の」は、口腔全体を柔らかく包み込むので、息の動きは停滞します。このため、のんびり、のろいのも、「の」の語感の特徴の一つです。

息の動きは停滞するけれども、舌を柔らかく引き下げながら作り出す「の」の閉空間は、発音中しなやかに伸長しています。まさに、伸びる発音体感。のびやかさもまた、「の」の語感の持ち味です。

大切の呪文

「神宮のイチョウ並木が色づいたの。一緒に散歩して」

「焼き鳥の美味しいお店見つけたの。行かない？」

私のデートのオファーは、必ず格助詞「の」の入ったことばになる。無意識のうちに、なんだけど。

事実を〝ものがたり〟に変える、格助詞「の」の音韻効果……きっと、私が、ふたりの時間をものがたりにしたいのだろう。約束を実現するまでの間、何度も想像して楽しめるように。約束を果たした後、何度も思い出して味わえるように。

一方、私の大好きなひとが、「の」を使うことはあまりない。「散歩？　お、いいぞ」とか「焼き鳥？　いいね」とか、私のオファーに単語で応えるだけ。彼のオファーも単語である。「中華はどう？」みたいに。彼は、ものがたりをあまり必要としていないのだと思う。

女性脳は、幼いうちからものがたりを欲するが、男性脳がものがたりを欲するのは五十過ぎ、十分にオトナになってからだ。その性差がわかっていても、男たちが「の」を抜く度に、私は寂しくなる。私たちの関係を大切にしてくれていないようで。

語感の真理を知らなくても、恋人の単語返しを、女は寂しがる。男たちが思いもよらないところで、女はがっかりしたりしているのだ。男たちよ、気をつけて。

私の名前が「しの」や「あやの」だったら、彼は、私にものがたりを感じるのかしら。

あるとき、そんなことをふと思いついて、「私のこと、〝の〟のつく名前で呼んでもらおうかな」と言ったら、「いほの？　あほの坂田みたいだな」と一笑に付されたこともある。おばか。彼にデリカシーを望んでも無理、とあきらめたのは、何年前だったかしら。

その彼が、この秋、なぜか「の」を抜かなくなったのである。

「神宮のイチョウ並木が色づいたの。一緒に散歩して」と誘えば、「神宮の？いいよ。散歩しよう」

「焼き鳥の美味しいお店見つけたの。行かない？」と誘えば、「焼き鳥の店？

いいね」

　彼の脳が、やっとものがたりを受け入れたのだ。思えば、私の大好きなひとも五十の坂を越えようとしている。男性には第二のモテ期というのがあって、五十三歳がそのピークなのだそうだ。おそらく、こういうことも関連しているのだろう。

「の」を抜かなくなったので、彼は特段に優しくなったように見える。私を大切にしてくれている感じが伝わってくる。その余韻をしみじみと味わった後、私はふと不安になった。〝「の」残し〟の対話は無意識なので、私以外の女性にも使っているはずである。彼が第二のモテ期に気づかずに通り過ぎますように。

第4章　オトナの余裕を作り出す、停滞の音たち

だ

だって、だるい、だらしない、だから？……、だめよ。

「だ」はだらしない。甘く停滞するニュアンス。

「だ」「で」「ど」は、唇をだらりと垂れ下がるように開け、口角から息を漏らしつつ、舌を膨らませて、厚く振動させる音。舌の膨らみのため、鼻腔に甘く音がこもります。

なお、日本語の五十音図では、同じダ行の仲間にヂとヅがありますが、これは発音体感的には別のことば。英語のD音に相当するのが、柔らかな停滞音「だ」「で」「ど」です。ヂとヅは、口角から息を漏らすD音に、前歯の裏を擦る歯擦音を重ねたもの。「だ」「で」「ど」ほどには鼻腔に音がこもらないので、甘さは減りますが、口元が濡れるので、艶と力強さが加わります。

●「だ」は豊かで、だらしない

「だ」は、口腔部はけっこう高らかに上げるのに、唇は、しまりかけた緞帳《どんちょう》のように、たるんで下がっています。重く質量のあるモノが、だれて、だらんとしている感じ。唇が醸し出すこの感覚が、「だ」の主たる発音体感となります。

この唇の垂れ下がりに加え、口角から息が漏れる感覚が、英語のDown、Dropにつながるのでしょう。垂れ下がる「だ」に境界線を広げるWを繋げたDownと発音すると、口腔周辺のみならず、身体全体が脱力して下がったように感じます。

また、舌を膨らませて振動させるD音の中でも、口腔を高々と開ける「だ」は、舌が自由なために膨らみも大きいのです。このため、停滞感もいっそ強く働きます。

「だだっこ」「だだをこねる」の、床にへばりついてでも動かないイメージは、「だ」の発音体感がもたらす強い停滞感のおかげです。

唇が垂れ下がり、息は漏れ、舌は膨らんで振動する……「だれる」「だるい」「だらしない」「だまる（黙る）」「だつりょく（脱力）」「だらく（堕落）」など、しまらない状態や停滞、落ちていくイメージを表すことばに「だ」が使われるのも、当然なのでしょう。

英語のDowntownには、おそらく、高さの低い土地、あるいは価格の低い土地という意味以外に、音韻のもたらす「だらしない」「堕落」するイメージが強く含まれるのでしょう。私たち日本人は、明確にそれと知らされなくても、Downtownを「下町」とは訳しにくいと感じます。庶民がきびきびと働く、始末のいい下町には、「だ」の音韻がどうにも似合わないからです。音韻が伝えるメッセージは、意味を超え、意外にも強く伝わるもののようです。

かといって、「だ」は、なにも悪い一方の音韻なのではありません。唇が垂れ下がり、息は漏れ、舌は膨らんで振動する……この感覚は、本来は、柔らかく豊かな印象で、とても気持ちいいもの。きっと、だらしないことは気持ちいいことなのでしょう。だからこそ、自戒をこめて、負の意味で使われるのに違いありません。

唇にも口角にも舌にも柔らかく豊かな停滞感を作り出す「だ」は、意識には、圧倒的な量感（大きさ、豊かさ）をもたらします。たとえば、「だいち（大地）」は、「とち（土地）」に較べると圧倒的な広さを感じさせ、「たいりく（大陸）」に較べれば肥沃さを感じさせます。

「大仏」「大臣」「大バーゲン」などのように、名詞に冠される「だい（大）」は、圧倒的な量感を出したいときに使われますし、商品名や雑誌名などに使われる「ダイナミック」

「ダイナマイト」「ダイヤモンド」なども、意味だけでなく、圧倒的な量感が人々の心に迫るからでしょう。

「だ」は、気持ちよくて、大きく豊かな音。一方で、「だらしなさ」や「堕落」をあらわすのに便利な音韻、といえます。

●ことばのブレーキ

強い停滞を作り出す「だ」は、会話の途中に挟むと、相手の一方的な勢いにブレーキをかける効果があります。

たとえば、延々と愚痴を重ねる相手に、「だったら、こうしてみたら?」と切り返すことがあると思います。これは、マイナスの思考を止めたいために出た「だ」の音。なのに、愚痴を言う人の多くは、「だって、そんなの無理」と、前向きのアドバイスにブレーキをかけて、さらに愚痴の中に踏みとどまります。

「だったら」に「だって」を返されると、私は、重ねてはアドバイスをしません。なぜなら、その後はおそらく、「でも、できないんだもの」が続き、「どうせ、私なんて」に行き着くことになるから。愚痴を言う人の多くが、この「だ」「で」「ど」三段活用をやるのです。アドバイスを欲しがっているふりをして、ただ愚痴をしゃべりたいだけ。だったら、思う存分、愚痴を聞いてあげようと思うからです。

気持ちにブレーキがかかるとき、人は自然に「だって」を使います。


「きみ、どうしてできないの?」

「だって、忙しいんだもの」

「こうしてみたら?」

「だって、面倒くさくて」

「きみは、どうしてこうなんだ!」

「だってぇ……」


職場でブレーキをかけすぎると、使えないヤツだと思われます。「だって」の回数が多い方は、気をつけたほうがいい。同じD音で逆説の接続詞「でも」についても同様です。

一方で、他人に「だって」「でも」を数多く言わせるほうにも、問題があります。性急だったり、決めつけが激しかったり、会話に余裕がないから、相手に「だって」「でも」を言わせることになる。

その昔、テレビドラマで、夫が妻に「おまえは、〝でも〟と〝だって〟しか言わんなぁ」というシーンがあり、なるほどと思いました。決めつけの激しい夫に、必死で心のブレーキをかける妻。男女の役割がステレオタイプに決まっていた少し前までの日本では、よくある夫婦の風景でした。

会話のブレーキは、かけず、かけられずに済むのが最もスマート。自動車の運転と一緒ですね。

ちなみに、相手の話に水を差す「だから?」「で?」も、かなり強い会話のブレーキです。こちらは、完全に相手の話を止めてしまう、不快な急ブレーキ。もちろん、相手に不快感を味わわすためなら成功ですが、単に話を進める相槌のつもりなら大失敗といえます。

さて、アドバイスや要請に対して使うと、ブレーキになる「だって」ですが、口語では、相手への強い肯定のために使われることもあります。

「こう思わない?」

「だって、本当に、そうだよね!」

「こう思わない?」

「でもさ、本当に、そうだよね!」

これは、「大々的に賛成」の意味で使われる「だって」「でも」。ことばの意味（逆説）とは関係なく、「だ」の量感効果を狙ったケースです。

意味を超越して使われるこのような音韻ことばは、女性の口語では比較的よく使われます。

意味的には否定語の「いや」も、音韻ことばの一つ。前向きの「い」と優しさの音韻「や」の組合せは、「いったん差し戻すけど、ほんとうは受け入れているの」という語感を持ち、実際に、そのような場面で使われることが多いはず。

これを、「女性は、受け入れることでも、いったんは拒絶する」というように解釈する方もいるようですが、その解釈はややずれています。強い停滞の「だめ」、殻にこもる「むり」、あっけらかんとした「ありえない」で断る場合は、本当に拒絶の場合が多いからです。

美人のくちびる⑮　キスを誘う呪文

「だから、なんだって言うの？」「だから、どうしろっていうわけ？」

会話に急ブレーキをかける、強い停滞の「だから」は、話し相手を不快にさせる。誰かを不快にさせたかった思春期の一時期をのぞいて、このセリフを言ったことがなかった私なのだが、実は、オトナになって、時々使うようになった。白昼堂々と、ではないのだけど。

私の大好きなひとは、とにかくロマンティックな演出が苦手。放っておくと、デートの最中でも、延々と仕事やメカの話をしているのだ。

「だから？」

私は、含み笑いをしながら、唐突にそう聞いてあげる。彼は、なんのことかよくわからずに口をつぐむ。そのくちびるへ、二人きりならキスをしてあげるし、人前なら、そっと指で触れてあげる。後は、ことばの要らない時間になる。

オトナには、無駄なことばが要らない時間があるのに、普段はことばの足りない男ほど、こういうときに照れて無駄話をしているものなのだ。

はるか昔、なかなかキスへ持ち込めずに、どうでもいい話を重ねる少年に「だから？」と聞いてあげたように、今は、慣れ親しんだパートナーに今更《いまさら》ロマンテイックなセリフが言えない中年にも、「だから?」と聞いてあげる。
いくつになっても、男ときたら、本当に手がかかるんだから。

で

でも、できない、デラックス、デリケート――。

「で」は逃避。甘く後退するニュアンス。

甘く停滞するD音のうち、舌を平たくして後ろに引くエ段音「で」は、後退の印象を伴います。迫力を感じさせるほどに強く停滞する「だ」とはまた違うものがたりが、「で」には生じるのです。

●「で」は甘く切ない余韻をかもし出す

「で」は、甘く停滞しながら、退《しりぞ》く印象。柔らかなフェイドアウト、名残惜しさを思わせます。

「では、ここで」「では、さようなら」などに使われる「では」は、柔らかくフェイドアウトするイメージを作ります。いきなり、「ここで失礼します」とは言いにくいとき、「では、ここで……」と語尾を濁すと、名残惜しさが匂い立つので、切り出しやすいのです。「デザート」は、晩餐《ばんさん》の最後の愉楽にふさわしく、甘い終焉《しゅうえん》の音韻をもっています。「デート」も、甘く切ない余韻を残す音。言うそばから、幻になってしまうような、現実感のなさを呈しています。

日本語の語尾に使われる「です」にも、甘い余韻が効いています。名前を名乗るとき、「千恵《ちえ》といいます」より「千恵です」というこの方が、甘やかな印象を残します。意味はまったく同じなのに。

「そうね」という相槌が親しげなのにあっさりしているのに比べ、「そうですね」という相槌は他人行儀なのに、なぜか甘やかな余韻を残します。「そうですね」と、一生懸命話を聞いてくれる若い女性に、おじさまたちがつい美味しいものを奢《おご》ってしまうのは、仕方のないことなのかもしれません。

甘く切ない余韻を作る、その一方で、唇が垂れ下り、息が漏れ、口腔は低く広く使う「で」は、だらしなく寝そべる姿を彷彿とさせます。「でれでれ」が「だらだら」よりも骨抜きな感じがするのは、このためです。

●なめらかな落ち着きがある

「で」の、甘く退く発音体感は、「だ」よりもいっそう勿体《もったい》ぶった印象を作ります。このためでしょうか、「大々的」は圧倒的な量感を表すのに対し、「デラックス」は量感に高級感を伴います。

量感＋高級感を表すことばに、他に「ごうか（豪華）」「ゴージャス」ということばもあります。喉の破裂を伴う濁音「ご」は、大量の水や空気が流れる音にも似て、圧倒的な量の何かが動く感じを作り出します。量感のあるものが甘く停滞するD音に対し、激動するG音。このため、「デラックス」はなめらかな落ち着きを感じさせ、「ゴージャス」は派手です。そのことを学校で教わるわけではないのに、私たちは自然に、きらびやかな光ものを使ったこれ見よがしな装飾には「ゴージャス」を、本革を使った上質なしつらえには「デラックス」を使います。

「デトックス」（detox）は解毒《げどく》の意味ですが、「デトックス」のなめらかに退く印象が、「げどく（解毒）」の激動感よりも、苦しくなさそうで好印象です。このため、「足裏マッサージ」に「解毒効果」というキャッチコピーがついていると、店に入るのにちょっと勇気が要ります。「デトックス効果」とついていたら、抵抗感が少ないのです。

顧客一人一人にとっては、無意識のとっさの判断。なのに、店にとっては、客足という大きな結果になって現れます。このような、とっさのわずかな判断に、語感は大きく影響してしまうのです。

美人のくちびる⑯ 理系男子は「でも」が好き？

「でもね、こうも考えられない？」

相手の言ったことに、「でも」を重ねるのは、理系の人間の癖かもしれない。一つの見方に、別の見方を重ねていくのが思考の定石なのだ。特に、私が学んだ物理学畑の人たちは、これが楽しくてしょうがない。

もう一つ、理系人がこれをやるのは、相手に対するサービスでもある。「あなたの提示した命題に興味がある」という意思表示だからだ。

誰かが「これは、白だ」と言ったら、「おお、そうか！　でも、こういう見方をすれば黒にも見えるよね」と応えるのは、「僕も、そのテーマに興味がある。僕も考えてみたんだよ」という、はしゃいだ気持ちの表れである。多くの理系男

子は、にこりともしないでこれをやるので、文系女子の反感を買うのだけどね。

自分が白だと思っていることを言い当てられたとしても、理系人は「でも」をサービスする。「おお、確かにそうなんだよ！　でも、僕は、こういう事象から、そうと判断したんだよね」と、別の思考ルートを主張したりして。

同じシーンで、文系人は、「わかる、わかる。僕も、こういうときにそう感じるよ」と、具体例を増やしてくれる。


よく「理系脳と文系脳の違いは何ですか？」と聞かれるのだが、私はいつも答えに窮する。

理系人も文系人も、頭のいい人は、右脳も左脳もよく活性化しており、その連携も素晴らしい。小説を書く人は、右脳のイメージ処理領域（出来事を想像する場所）と、左脳の言語領域（ことばや記号を司《つかさど》る場所）が連携するわけだけど、物理の証明をする人も同じことだ。宇宙や素粒子に起きる出来事を想像しつつ、記号を操るのだから。

また、理系人にとって、数式は、詩の一節のように情緒的な匂いを持っているので、数式を愛することは、詩を愛することに似ている。文系人が思っているほどに、理系人の脳は無味乾燥な世界を生きているわけではないのだ。こうしてみると、特に、脳の機能に偏りがあるとは思えない。

ただ、会話における文系と理系の違いはある。

新しく投げかけられた話題に対し、自分なりのものの見方を披露してしまう理系人に対し、相手のものの見方に具体例を添えてくれる文系人。どちらも、その話題に興味があることの意思表示なのだけど、マナーが違うので注意が必要だ。

理系人は、ほんの少しでも「別の見解」を加えてくれないと、つまらないと感じる。理系人を攻略しようと思ったら、この別見解の提示が味噌になる。相手の話に感心しているばかりでは、また会いたいとは思ってくれないのだ。「でも、それって、こういう見方もできますね」「でも、それってさ、こういう見方もできない?」と切り返せたら、「お！　なかなか興味深い人だ」と思われる。

一方、文系人に、いきなり別見解を披露したら、反論したと思われて不興を買うことが多い。二度と会いたくない、と思われてしまうこともある。文系人には、「ああ、わかる。それはこういうことですね。こういうことでもありますね」と相手の話を、そのまま素直に広げてあげるのがマナーである。

とはいえ、文系人と理系人で対話プロトコルを切り変えればいいというわけでもない。問題は、理系人か文系人かは、大学受験の選択科目では区別できないということだ。おおよその分類はできるけれど、別見解に逆上する理学部出身者もいれば、別見解を楽しむ文学部出身者もいる。

そこで、私は、こうすることにしている。誰かが、新たな話題を提供したとき、まずは「わかる、わかる」と具体例を披露し、後から「でも、こうも言えるよね？」と、次の展開へのフックを残すのだ。こうすると、文系人とも理系人とも会話を楽しめる。どちらにも「この人にまた会ってみたい」という余韻を残すことができるのである。

そう気づいてみると、一流と言われる人のすべてが、このスタイルで対話をしているのがわかる。感心するだけの文系人、別見解を披露するだけの理系人では、まだまだ未熟ということなのだろう。

さて、私の大好きなひとも、私も、ばりばりの理系人である。はるか昔に出会ったころ、私たちは、にこりともせずに、相手の見解に別見解を披露する未熟な理系人だったので、互いに別見解を重ねあって、くたくたになってしまった。話せば話すほど、知性は刺激されて興奮するのだけれど、情で寄り添うことができない。喧嘩したわけでもないのに、悲しくなって、泣きながら帰ったこともあった。

今は、互いに人生経験を重ねたので、先に「わかる、わかる」を言いあえる二人になった。ときには、「わかる、わかる」で油断させた後に、かなりシニカルな「でも」が続いて、むかっとすることもあるのだけど、長いつきあいのカップルには、まぁそれも刺激剤。「ひど〜い」と言って、からむことができるからね。

文系女子は、どうか、理系男子の別見解攻撃にめげないで。高飛車な別見解披露の裏には、「僕、興味ある！」という無邪気な気持ちが隠れているとわかれば、まぁカワイイものです。でも、彼がオトナになれるように、最初に「わかる、わかる」という癖をつけてあげてね。

ど

どうせ、どうしようもない、どんづまり……どうしたの？――。

「ど」は開き直り。甘く包み込むニュアンス。

甘く停滞するD音のうち、口腔を大きな閉空間にするオ段音「ど」は、大きく包み込むような印象を伴います。迫力を感じさせるほどに強く停滞する「だ」、甘く退く「で」とはまた違うものがたりが、「ど」には生じるのです。

●「ど」は甘く包み込み、安定感、重量感がある

「ど」は、甘く停滞しながら、包み込む印象。あるいは、包み込まれる印象です。

甘く柔らかい包容力と、どっしりとした安定感を感じさせ、また、舌の下に唾《つば》がたまる

ので、濡れたような重量感も伴います。「ドーナツ」は、甘く柔らかな包容力と、しっとりとした重量感を感じさせて、実態にぴったりのネーミング。

おろおろしているとき、パニックになりかけているときに、「どうしたの？」と声をかけてもらうと安心するのは、「ど」の包容力と安定感のおかげです。「どうしたの？　大丈夫？」とD音をダブル効果で使ってもらうと、二重にブレーキがかかり、突っ走っていた焦燥感が、かなり落ち着きます。

「ど」の二重ブレーキ「どうどう」は、馬に使う制動の掛け声。なので、「語感効果は馬にもあるのですか？」と聞かれることがあるのですが、「ど」の発音経験のない馬は、人間ほどの語感効果は感じていないように思います。ただ、それが口腔という器《うつわ》にこもった「停滞の音」であることはわかるので、それに反応して、自然にスピードが落ちるのかもしれません。そして、それ以上に、「どうどう」と発音した人間の身体が、どっしりと重みを増すのを感じ取るように思います。

人は、「ど」を発音するために、口角と下唇を緩めると、身体全体が微妙に下に緩むのです。そうして、舌に震動を溜めると、身体にも響きます。したがって、「どうどう」と発音すれば、身体がどっしりとするのです。

「どうどう（堂々）」は、このどっしりとした身体感覚を、ことばの意味になぞらえたもの。「○○どう（○○堂）」という呼び名は、どっしりとした身体感覚によって、揺るがない老舗《しにせ》の風格を彷彿とさせます。

ただ、「ど」のどっしりと動かない感じは、ネガティブに使えば、膠着《こうちゃく》して動かない事象を表します。「どうせ」「どうしたって」「どんづまり」「どろぬま（泥沼）」などは、膠着して動かない（動く気のない）状態にぴったり。開き直りやあきらめの気持ちを伝えます。

また、D音は甘く鼻腔に響くので、多くは、甘えを伴う開き直りの際に使われます。「どうせ、私なんて」と言う人は、必ずといっていいほど「そんなことないよ」という慰めのことばを待っていますものね。

美人のくちびる⑰ 不幸の呪文

日常会話から、D音始まりのことばを捨てなさい。私は、若い女性によくこのアドバイスをする。

「でも」「だって」「どうせ」「だめだから」……感情のこもったD音始まりのことばたちは、若い女性の口元を不機嫌そうに歪《ゆが》めてしまうからだ。若いうちは、肌がぴんと張っているので、口角をだらしなく下げると顔全体に影響する。

D音を、口元だけゆるめてセクシーに発音できるのは、少なくとも三十八歳を過ぎてから。D音は、オトナにだけ許される、特別な音素なのである。

実は、D音始まりのことばを捨てると、変わるのは顔の表情だけじゃない。人生そのものが変わる。本当です。

「でも」「だって」を言わないことに決めると、日頃の会話の文脈が変わってくるからだ。たとえば、命令された仕事の期限が厳しかったとき、「でも、無理ですよね。だって、営業日で二日しかないじゃないですか」と言い募るシーン……「でも」と「だって」を使わないとしたら、どう答えますか?

否定と言い訳ができないのなら、前向きな返事をするしかない。とはいっても、無理を承知で引き受けるわけにもいかない。模範回答は、「この日程なら、ここまでできます。完成までには、そこからもう少しお時間をください」である。

できることを、真摯《しんし》に述べる。否定もしないし、言い訳もしない。これは、信頼できるビジネスパーソンの振る舞いである。ビジネス会話から「でも」と「だって」を消すと、自然と、そう変わっていくしかないのだ。

プライベートでは、「どうせ」と「だめ」に気をつけて。

「どうせ、私なんか美人じゃないし」「私、だめなひとだから」……そんなふうにつぶやいて瞳を伏せると、恋人はたいてい「そんなことはないよ」と言ってくれる。くれぐれも、その甘美な快感に味をしめて、何度も繰り返さないことだ。

男性脳は、驚くほどことばに素直なところがある。「どうせ、だめだから」を繰り返しているうちに、ある日突然、彼は、「この子、どうせ、だめな子なんだ」と、腹に落ちてしまうのである。

このため、「どうせ」「だめ」が口癖の女性には、セカンド癖があるというデータもある。恋も仕事もセカンドになりがち。つまり、いつの間にか、恋や仕事の本命から外されているのである。

恋も仕事も手に入れたかったのに、なぜか、どちらも手に入らないと愚痴る女性の多くが、「だって」「でも」「どうせ」「だめ」を一日に何度か口にしている。知らず知らずのうちに、自分にかけている負の魔法。今日から、きっぱりと止《や》めてほしいと思う。

でもね、恋も仕事も手に入れて、口元だけセクシーにゆるめられるオトナの女になったら、D音も上手に使って欲しい。

テンパっている上司に、「どうしましたか、部長」と声をかける。先走る部下に、「でもね、こうも考えられない？」と声をかける。結論を急ぎたがる年下の男の子には、「だめよ、もっとゆっくり」あるいは「だめよ、オトナの女をからかっちゃ」かな。

肌がほどよくゆるんでくれば、目は優しい表情のまま、こういうD音のことばたちが発音できる。そうなったら、人間関係の手綱《たづな》がゆるめられるようになり、人生はがぜん面白くなってくる。歳を取るのも、そう悪いことばかりじゃない。

第5章　執着をかわす、風の音たち

さ

さっそう、さわやか、さぁ、さて、さっぱり、さらさら、さくら——。

「さ」は新生の気。古いものを一掃《いっそう》する風。

S音は、舌の前方を、上の前歯の裏に寄せて、その隙間に息の風を通します。このとき、舌が、ちょうど横S字になるのがわかりますか?
「さ」は、そのS字の風を強く起こした後、きっぱりと口腔を高く上げます。

●「さぁ」は気分を一新する

強い息の風と共に、口腔を高く上げる「さ」には、停滞したものを吹き飛ばし、ものごとを一新するイメージがあります。

このため、対話の中で使う「さぁ」「さて」には、これまでの話題を一新して、次の展開に入ることを予想させる効果があります。

人の話を遮《さえぎ》るようにして、いきなり「出かけなきゃ」では喧嘩《けんか》を売るようなもの。私たちは自然に、「さぁ、もう出かけなきゃ」「ねぇ、もう出かけなきゃ」「じゃ、出かけるよ」などと、間投詞を添えます。

このとき、「さぁ」にはきっぱりとここから離れるイメージが、「ねぇ」には心を残していく感じが、「じゃ」にはまぜっかえす茶目っ気が伴います。

新品のことを、「さら」「まっさら」と言いますが、これも、「さ」の一新効果が効いています。

停滞したものを吹き飛ばし、あっけらかんと口を開ける「さ」は、何のこだわりも躊躇《ためら》いも感じさせません。まさに、爽やかそのもの。颯爽とした印象です。

かつて、昭和の高度成長期、「勤め人」を「サラリーマン」と呼び換えたとき、人々は、その颯爽とした感じに憧れたに違いありません。とはいえ、こだわりを感じさせない「さ」に、転がるラ行音を連ねた「サラリー」は、颯爽としすぎて調子がよく、中身がない感じにも繋がります。このため、高度成長期を終えた後は、この国の企業人の呼び名も、しっかりした振動を伴う濁音並びの「ビジネスマン」に変わりました。

「魔法使いサリー」は、元気な女の子魔女でした。人間界にとけこもうとする魔女というナイーブな立場なのに、さばさばと問題を乗り越え、友情を育《はぐく》むサリー。彼女が「魔法使いセーラ」だったら、もう少し繊細な、思いつめ系の美少女魔女になったかもしれません。

●クールな印象の「さ」行音

息が舌の上を滑るS音は、滑るような手触りを感じさせます。そのS音を使うサ行の中でも、息が滑る時間が最も短く、やや乾いている「さ」は、「さらさら」の手触り。洗いざらしの木綿《もめん》のような心地よさです。

唾液腺が刺激されて唾が出る「し」の「しっとり」は、もっと潤いがある感じ。息が滑る時間が長い「す」の「すべすべ」は、手にまとわりついてくる絹の手触り。この違いこそが、そのまま「さ」「し」「す」の語感の違いでもあるのです。

息が上あごと舌の間を滑るS音は、息が冷たくなるのも特徴の一つです。上あごも舌も、突起が多く表面積が広く、ラジエーター（冷却放熱器）と同じ構造。このため、肺の中から出てきた息は、上あごと舌によって、急速に冷やされます。同時に上あごも冷え、口腔内の温度は一気に下がるのです。

冷《さ》める、涼やか、清涼感などの冷たさを表すことばだけでなく、「爽やか」「颯爽」「さらさら」にもクールな印象が伴うのはそのため。

サ行音のほかにも、上あごを擦る音があります。「ひ」と「つ」です。「さ」は冷める、「ひ」は冷える、「つ」は冷たい……日本人は、口腔内の温度を下げる、上あごを擦る音たちに、ちゃんと冷たさの事象を表すことばを与えました。

ちなみに、S音は舌の表面を冷ます音ですが、舌を持ち上げるL／R音（ラ行音）は、舌の裏を冷まします。表面が冷めるS音の爽やかさに対し、ラ行音は足の裏が冷えるような、ちょっとぞっとする冷たさ。冷房、冷淡、幽霊などにこれらの音が使われるのもそのせいなのです。「凛とした」「麗人」なども、クール・ビューティたちに与えられることばですね。

美人のくちびる⑱　リセットの呪文

上質の男は、「さ」のことばを使わない。

「さぁ、そろそろ」とか「さて、この辺で」とか「さっさとしろ」とか「最近、さっぱり」とか「先に行ってくれ」とか「散々だ」とか。こうして並べてみると、思いやりを感じさせない、後腐れのないことばたちばかり。

テレビドラマで、薄情な男の役の俳優が言わされているこれらのことばは、現実のオトナの男はほとんど使わない。情のある男たちは、ひたひたと溜めるように時を使う。女の前でゆったりと寛《くつろ》いで、穏やかにことばを重ねていく。

「さ」は、リセットの合図。女同士の愚痴の言いあいの挙句なら、「さ〜て、そろそろ帰らなくちゃ。私たち、散々だわねぇ」という幕引きも、シャンソンの歌詞みたいで素敵だけど、男女の時間に、その幕引きはありえないように思う。「さ」の風は、これまでの積み重ねを一掃してしまうので、あまりにも悲しいからだ。

逆にいえば、「さ」のことばを多用していれば、男女の仲は深まらない。仕事関係で、踏み込まれたくない異性の相手には、「さぁ、そろそろ」「さて、この辺で」と席を立とう。その日の情がリセットされて、ある程度までは、執着をかわすことができるはず。

あるいは、親しくなりたい人と、友達以上恋人未満の関係が長引く人は、無意識に「さ」のことばを使っていないかどうか、反省した方がいいかもしれない。

そして、「さようなら」は、最後のリセット。

私の男友達は、誰も、別れ際に「さようなら」は言わない。だからこそ、もしもいつかそのことばを聞いたら、私は、今生の別れのことばと知るだろう。私たちはもう十分オトナだから、いつか、交際範囲を狭めていかなければならない。オトナになりすぎたら、恋人未満の男女が二人きりで夜の街で逢うのは似合わなくなるもの。

はるかずっと先の「さようなら」の呪文効果を最大限にするために、今は「さようなら」は言わない。そう思うと、「さようなら」を言わない別れ際に、彼の人生に対する敬愛が溢れ出す。彼の白髪も、目元も皺《しわ》も愛おしい。若い男女にはちょっとわからない、一時代を戦い抜いてきた私たちの戦友感覚。中年の異性友達も、いいものである。

し

しんしん、しっとり、しずか、しんみり、しみじみ、しっと――。

「し」は浸透。浸みいる潤い、沁みる思い。

S音は、舌の前方を、上の前歯の裏に寄せて、その隙間に息の風を通します。このとき、舌の両脇を緊張させて、舌の中央を緩めると、上あごを擦る音が加わるためにSHの音になります。これが日本語の「し」の音に当たります。

●光を感じさせる「し」はブランド名に多用される

「し」は、舌の両脇を緊張させるので、両頰の裏側にある唾液腺を刺激して、唾が出ます。このため「し」には、湿度感があります。「しっとり」「しんなり」には、この潤いが効いています。

古代日本語では、水のことを「し」と言いました。やがて、「し」が死を意味する音韻になったのも、それが水を失う現象だったからだと言われています。死体を日常的に見つめていた古代人にとっては、死とはからだが水を失う現象で、人のからだが水でできていることを最も意識させるイベントだったのだとか。

矛盾しているようですが、死がいのちの有り様を見せてくれるあわせ鏡なのは、今も昔も一緒なのでしょう。

SH音は、舌先が微妙に弛緩《しかん》しているため、舌に乗った唾は中央に溜まり、口元でシャワーのように飛び散ります。Shower、Splashなど、英語でも、飛沫《しぶき》を指すことばにSHの音韻が与えられています。飛び散る水の粒子は、光を乱反射するので、「し」には光拡散のイメージもあります。

「けしょう（化粧）」「フェイシャル」などの一般用語や、資生堂、シャネル、レイシャス（花王）などのブランド名など、化粧品カテゴリのネーミングには、潤いと光拡散のSHをはじめ、肌触りの良さを表すS音や華やかなL／R音が目立ちます。

「し」は、水や光の広がりを感じさせるSHと、口腔を狭く使う、尖った印象の母音イの組みあわせ。このため、入り込み、浸透する印象を伴います。

「しみじみ」は、思いが胸にしみる様子。「しんしん」は冷気が、建物や身体に入り込む様子を表します。あるいは、雪が大地の風景の中に入り込んで、降り積もる様子。「しょうしょう」と降る雨は、大地にしみ込むような独特な静けさを感じさせます。

口腔が冷えるS音は、どうしても、冷たいものに使われますね。温かさには、「じんわり」のほうが似あうようです。

「し」に筋肉の厚い震動が伴う「じ」は、よりエネルギーのある浸透圧を感じさせます。「しんしん」よりも「じんじん」の方が、振動エネルギーを感じさせて、刺激のある感じ。「じんましん(蕁麻疹)」は、その意味以上に語感で、皮膚に刺激が広がっていく様子を感じさせます。その語感だけで、痒《かゆ》くなるような気がしませんか?

●「し」は静かなのに刺激的

「し」は、音をほとんど響かせることができません。SH自体が声帯音の響かない無声音であるのに加え、上あごと歯を擦るSHは息を使い切ってしまうので、後続の母音がほとんど効かないからです。このため、日本語の拍の中でも最も静かな音となります。

誰かを黙らせるときに「しっ」と声をかけるのは、そのため。これは、他の言語圏でも見られる音韻の使い方です。「しんしん」というと、なぜか「音もなく」と感じるのも、この「し」の静寂効果のため。

サ行音の中でも、上あごを広く擦る「し」と「せ」は、特に、後続の母音を響かせにくく、静かです。サ行音以外にも、上あごを広く擦る「ひ」も音響効果が低く、静か。私たち日本人は、「しずか」「せいじゃく（静寂）」「ひそか」と、これらの三音をちゃんと静けさの表現に使っています。

しかし、音響は静かでも、「し」の息のパワーはかなりのもの。唾も飛沫になって飛び散りますから、物理現象としてはかなり賑やかでパワフル。人の名前なら、スター性があります。「しずか」や「しづこ」という子が、意外に活発でスター性があるのは、ある意味当たり前。名前負けではありません。

そうそう、「しっと（嫉妬）」「しっせき（叱責）」ということばが怖いのは、静かなのに、毅然《きぜん》としたパワーを感じさせるからかもしれません。「しっそう（失踪）」「ショック」「しょうしん（傷心）」も、ただごとではない感じを語感が知らせています。「しつれん（失恋）」のショックも、語感が助長しているかもしれませんね。

威《い》嚇《かく》の呪文

「今日は、ご一緒できて嬉しかった。ありがとうございます」

「本日はご一緒できて光栄でした。感謝いたします。失礼します」

どちらも、たまたま仕事でご一緒した方へのお礼のことばなのだが、前者は温かく好意的で、後者はクールで慇懃《いんぎん》だ。先方が「帰りに食事でも」と誘おうと思っていても、後者じゃつけ入る隙がない。

その秘密は、訓読みのことばと音読みのことばの語感の違いにある。

大和言葉由来の訓読みのことばたちは、母音がふっくらと効いて温かい。母音は、自然体で素朴な語感をもたらすので、互いの心をふと開いてしまうのだ。「おはよう」「がんばろう」「お疲れさま」「ありがとう」「ごめんなさい」などがこれに当たる。

一方、漢語由来の音読みのことばたちは、子音が強く働いて、クールな合理性を感じさせる。子音は、擦ったり破裂させたりして出す音なので、緊張感をもたらすからだ。「目標達成」「苦労」「光栄」「感謝」「失礼」などがこれに当たる。

だから、誰かと親しくなろうと思ったら、心がけて、訓読みのことばを使うこと。相槌を打つときも、「あ〜、そうですよね」「うんうん、そうそう」「え？　そうなの？」などと母音の完投詞を入れるといい。加えて、「おはよう」「お疲れさま」「ありがとう」など、訓読みの挨拶を欠かさないことだ。

とはいえ、人間関係は、親しくなればいいってものじゃない。オトナの女なら、部下に甘えてほしくない場面もある。そんなとき、訓読みのことばを並べて「みんな、がんばろうね」じゃ気が抜ける。音読みのことばを使って「目標を達成するよ」くらいは言ってほしい。

語感効果を知れば、人間関係の距離が自在になる。ときには凛々《りり》しく、ときには優しく、女の立ち位置は、ことばで好きに決められるのである。

ところで、「しつれい（失礼）」は、かなり失礼な語感だということをご存じだろうか？　強く歯を擦る「し」「つ」の後に、冷たい「れ」、尖った「い」が続く。相手に、強い威嚇を感じさせることばなのだ。だからこそ、「失礼します」と挨拶して退けば、下心があっても「食事でも」とは誘えなくなる。

もちろん、威嚇のためになら大いに使っていただきたいのだが、無意識のうちに使ってしまうのは、なんとも惜しい気がする。

たとえば、納得していないことであやまるとき、人は、無意識のうちに「失礼しました」と言ってしまうものらしい。「きみ、困るじゃないか！」「失礼しました」のように。プロなら立場はわきまえているので、便宜上《べんぎ》あやまりはするのだが、無意識のうちに、つい語感で威嚇してしまうのだろう。

でも、居丈高《いたけだか》に怒る人ほど神経質なので、この「しつれい」の威嚇に敏感に反応する。せっかく我慢してあやまったのに、逆効果ならいっそ悲しい。

プロとして、あやまる覚悟を決めたのなら、「申し訳ありません」か「すみません」を使うこと。威嚇の呪文は、威嚇したいときにだけ、しっかりと使おう。

す

するする、すべすべ、すんなり、すとんと、スムース、すっからかん——。

「す」は滑る。飾りのない素直さ。

S音は、舌の前方を、上の前歯の裏に寄せて、その隙間に息の風を通します。このとき、自然に舌の後方にくぼみができ、舌は、横向きのS字を描きます。この舌のくぼみをやや強調すると、日本語の「す」になります。

●なぜ日本人は「す」が好きなのか

口腔を狭く使う「す」では、息の風が口腔表面を滑る速度が最大になります。息が滑るサ行音の中でも、最速で滑り出してくる「す」。その滞りのない、スムースさは、他に類を見ません。

「するする」「すべすべ」「すんなり」「すっぽん」「すっぽり」「するり」……これらは、ほとんど摩擦を感じさせない、滑る印象のことばたちです。「すじ（筋）」も、すんなりまっすぐ伸びるもの。「すらっと」も、でこぼこしていない、すんなりまっすぐ伸びたかたちを形容します。「すっきり」「すっぴん」も飾りのない、滑らかな状態を表します。「すなお（素直）」は、いちいち反抗して突っかからない、滑らかな心の持ち主のこと。「すくすく」は、大きな挫折もなく、素直に成長していく様子。

こうして「す」のことばを並べていくと、日本人が、この滑る音韻を好んでいるのがわかります。

高温多湿の日本では、口腔温度を下げるS音は、とても気持ちいい音韻なのでしょう。爽やかな「さ」、涼やかな「す」、清涼感の「せ」、爽快感の「そ」。温度を下げる心地よさに、こんなにたくさんのサ行音を当てて、微妙な違いを表現しているのですから。

中でも、まとまりのいい、滑らかな「す」は、いっそう日本人好みなのかもしれません。好意を表す「すき（好き）」「すてき（素敵）」「すばらしい（素晴らしい）」も「す」のことばですものね。

そう考えると、凄惨な事象を意味する「すごい（凄い）」が、賛美のことばに変わってしまったのも、日本人の「す」好きが原因なのかもしれません。

表面を滑る「す」には、そうはいっても、悪い意味合いもあります。「はすっぱ」「こすっからい」「すっとこどっこい」など、中身のない、心貧しい様子を表すことばに「す」を入れると効果倍増。いけしゃあしゃあとした、心に響かない顔が浮かんでくるようです。

ほっぺたを絞るようにして発音する「す」は、両頰の裏にある唾液腺を刺激します。「す」と発音すると、酸っぱい感じが想起されます。逆に、酸っぱさを感じて唾液腺が刺激されたときに、自然に口をついて出てしまうのも、「す」の音韻なのです。

美人のくちびる⑳

まっすぐな呪文

その人の心に飛び込みたかったら、まっすぐに「す」のことばを使うといい。

「あなたは、とても素敵」「あなたが好きよ」と。

無邪気に言うのが難しかったら、いきなり全人格に言及しないで、部分から始めればいい。「あなたの時計、素敵ね」「あなたの歩き方が、好き」というように。

涼やかに滑る「す」は、相手の懐《ふところ》に、まっすぐに入り込む。しかし、「す」はどこにも引っかからないので、相手を束縛する力がないのだ。だからこそ、相手も、負担なく受け取れるのである。

ん？　束縛できなければ意味がない、って？

もちろん、そんなことはない。

「す」のことばは、実は、癖になるのだ。滑る「す」のことばは、長く保持しようと思っても意識から滑り落ちてしまうのである。このため、「好き」は何度も確かめたくなる。何度言っても、「好き」はまた言いたくなってしまうし、何度聞いても、「好き」はまた聞きたくなってしまうのである。

そうして、いつの間にか、彼の傍にいるようになればいい。二十年経っても、「私の大好きなひと」と呼び続ければいいじゃない？

恋というのは、刹那的なものに過ぎない。でも、刹那を永遠に紡げば、恋は永遠になる。滑る「す」は、刹那を紡ぐことしかできない。でもそれは、結局は「愛」よりも「結婚」よりも強い語感だった。オトナと呼ばれてから三十年、語感研究者になってから二十年の、確かな人生の実感である。

せ

せかい、せいしん、せいりょうかん、せいけつ、せっけん、ケ・セラセラ——。

「せ」は吹きわたる風。遥かな世界感と、清潔さ。

S音は、舌の前方を、上の前歯の裏に寄せて、その隙間に息の風を通します。このとき、口腔を低くして、舌を広く使うと、「せ」になります。

●「せ」は遥かなる世界を感じさせる

エ段音は、発音点が唇の近くにあるのに、筋肉の緊張点は舌のつけ根にあります。このため、広く、遥かな印象を伴います。

息の風のS音に、母音エを合わせた「せ」は、遥かな空間に吹きわたる風を感じさせせます。まさに、遥かなる「世界」を感じさせる音韻なのです。

「せかい（世界）」「せいじ（政治）」「せいしん（精神）」「せいかつ（生活）」ということばたちが、はるばるとした全体性を感じさせるのも、その感性のいくばくかは、意味だけでなく、口腔を吹きわたる風のおかげなのかもしれません。

英語のSky［skái］は、語頭のS音がもたらす息の風を、続くkáで高く導き、口元に上昇気流を起こします。まさに天空へ向かう気流です。横方向へ広々と息が吹き渡るセカイと比べると、この二つのもたらす語感の秀逸さを思わずにはいられません。

息の風を上昇気流にして「空」を指す英語人と、息の風を広々と行き渡らせて「世界」を指す日本語人。その二つの間に、言語の違いはあれ、語感のセンスに壁はないように思います。

●清涼感、清潔、せいせいする

口腔温度を下げるS音の中でも、口腔を広く使う「せ」は、すみずみまで風が吹きわたり、すべてを拭《ぬぐ》い去る印象です。「せいけつ（清潔）」で「せいりょう（清涼）」で「せいせいする」のです。

「せいせいする」は、すべての因縁を振り切って、身軽になった感じ。フランス語の「ケ・セラセラ」も、同じ感覚なのでしょう。「なんとかなるさ」という意味の正体は、この清潔な身軽さにあるのです。

同じように、嫌なことを吹き飛ばす力は、エ段の破裂音である「へ」にも「け」にもあるのですが、息の風が口腔の表面をあまねく拭う「せ」は、禊《みそ》ぎを感じさせます。過去から解き放たれた自由さは、圧倒的です。

「せんざい（洗剤）」や「せっけん（石鹸）」が、外来語に取って代わられないのも、発音体感の清潔感、清涼感が意味と呼応して気持ちいいからでしょう。

口腔を低くして、狭い隙間に息を滑らす「せ」には、接近した感じ、狭い印象がありま す。広い世界感と一見矛盾しているようですが、口腔を低く使うからこそ、同じ息の量でも、広くあまねく、全体に行き渡るのです。その現象の「低さ」「狭さ」を取るのか、「広さ」「あまねく行き渡る感じ」を取るのかで、語感は全く変わってきます。

体感は、こうして、統合されずに、部分的にデフォルメされても使われます。どの部分が想起されるのかは、後続の音韻にもよりますし、意味との呼応によっても決まります。

美人のくちびる㉑

「切ない」で圧勝する

長いつき合いの男女でも、なんだか、相手の心を見失ってしまったように感じる晩がある。たとえば、食事が運ばれてきたのに、彼が延々と誰かのメールに応えている……そんなふとしたことがきっかけで、不信感が流れ込んできてしまうようなとき。

こんなとき、彼を問いただしても、文句を並べたてても、事態は決して良くならない。

そんなとき、私はただ、「切ない」とつぶやくだけだ。息の風が吹き渡る「せ」のことばは、私たちの間に、遠い距離を作り出すから。私が感じた遠さを、彼にも感じてほしいから。

「せ」のことばが、私たちを世界のあっちとこっちに隔てても、私の大好きなひとは、けっして言い訳をしない。あやまりもしない。しばらくは、ただ遠巻きにして、こちらの様子を窺っている。

私は、案外、この時間が好きなのである。世界の果てでこちらを窺っている、不器用な中年男。あやまっちゃったほうがずっと早いのに。

私が、お一人様のように気楽に食事を進めていると、そのうち、彼がくだらない冗談を思いつく。私が笑ってしまうと、私と彼を隔てていた世界は、嘘のように消えてしまうのだ。

「せつない」が作り出す、束《つか》の間の遠さ。その幻想を、ほんのときたま、私たちは楽しんでいる。ときには、その呪文を言いたいがために、不機嫌の種を探すことだってあるくらいに。

そ

そっと、そう、それから、そわそわ、そら、ソフト――。

「そ」は口腔を大きく取り巻く風。ソフトなのに、爽快。

S音は、舌の前方を、上の前歯の裏に寄せて、その隙間に息の風を通します。このあと、口腔を大きく閉空間にすると「そ」になります。

●そっと包み込む心地良さ「そ」

上あごと舌の表面に息を滑らせつつ、口腔を大きな閉空間にするため、「そ」は、息の風で、口腔全体をソフトに包み込む感覚をもたらします。

そっと包み込むような、触れるか触れないかのソフトな包容力が、「そ」の魅力。「そう?」「それから」「そうしたら」「そして」……会話に挟む「そ」の完投詞は、相手を包み込むために発します。

　口腔表面に息を滑らせながら、閉じてゆく口腔。このため、滑る息は、一部、口腔内に回り込んで、温められます。他のサ行音《サ、シ、ス、セ》は、口腔を滑る息がそのまま放出されるので、口腔表面の温度が一気に下がりますが、息が回り込むソは、いったん爽やかさを感じさせた後、ほのかに温かさを感じさせるのです。爽やかなのに、温かい。リフレッシュ＆ウォームな、心地良い癒し効果をもたらす音です。

　英語の副詞soは、ここまでの文脈を優しくまとめて、リフレッシュ＆ウォームな再スタートを切る合図。総合、総括の総も、「ふんわりまとめて、リフレッシュ再スタート」を暗示しています。――

　我が国の政治上のトップが長続きしないのは、「総理大臣」と呼ばれてしまうからかしら？　ソフトにまとめてリフレッシュ。便利な息継ぎ通過点＝英語の「so」程度の存在にされてしまっているような気がしてなりません。

　口腔全体を大きく取り巻く風は、ソフトながら、抗《あらが》いきれない大きな力を感じさせます。この世をあまねく巻き込む感じがします。そう、まるで、すべてのものの上に青く広がる「そら（空）」のように。

「壮年」の壮は、意気盛んな様子、男らしい力強さをあらわします。「爽快」も、すかっとした男子にあげたくなることば。「総理大臣」も実体が伴えばこちらのイメージにもってこれるはずなのですが。

ソフトな包容力、リフレッシュ&ウォーム、なのに、影響力のある男らしさをたたえる「そ」。魚の女の子を拾ってしまったせいで、世界のすべてを受け止めることになってしまった「崖の上のポニョ」の少年の名が宗介《そうすけ》なのは、存外、深い気がします。もちろん、作者は無意識なのでしょうけれど。

美人のくちびる㉒　受け流しの呪文

「きみのそれ」と、ある日、男友達が指摘した。「仲間内で、話題になったことがあるんだ」

私は、何のことかわからずに、きょとんとしてしまった。「相槌だよ」と彼が続けた。「今の、そぉ～、という相槌」

私は無意識だったので、ひとつ前の会話から繰り返してもらった。確かに私は、

「そぉ〜」と感服したように相槌を打っていた。

彼曰《いわ》く、私は「そう？」「それで？」「そうなの」「そうなんだ〜」「そぉ〜」と、頻繁に、「そ」で始まる相槌を打つらしい。しかも、感服したように口に出す、嬉しげな「そぉ〜」はかなり独特で、ちょっと忘れられないのだそうだ。保育園の先生が、園児の妄想を興味深げに聞いている感じだと彼は言う。「先生、お庭で、カエルがこんにちわって言ったんだ」「そぉ〜」みたいな。

話者には興味があるけれど、話題には集中していない、この感じ……たぶん、私は、その話題の何かに気を取られているのだ（おそらく語感に）。それは、話の流れとは別のところにあって、話を遮るわけにもいかないから、「そぉ〜」でソフトに受け流しているのだと思う。いけない癖だなぁと反省するしかない。

しかし、男友達は、面白いことに「そぉ〜」を否定してはいなかった。確かに「受け流し」なんだろうけど、なんだか母性の匂いがして気持ちよく、その話題が自然に成就《じょうじゅ》してしまうんだよね、と。それは、ひとえに、「そ」の、ソフトに包み込む語感効果のおかげなのだろう。

それ以来、私は、ときどき、意図的に「そ」の相槌を使っている。深入りしたくない話のときに、「包み込んで、浮かしてしまう」ために。話題は立ち消えになるのだけれど、幸せな気持ちだけが残るようにと祈りながら。

第6章　素直さを伝える、母音たち

●母音のことばは飾り気がない、素の気持ちを伝える

母音（あいうえお）は、息を擦ったり破裂させたりせずに、声帯振動だけで出す音声。息に技巧を加えない、自然発声音です。

息を擦ったり、舌を巻いたりする子音は技巧的に発音する必要があり、多くの場合、恣《し》意《い》的に使われて、「無意識のうちに漏れる」タイプの音韻ではありません。しかし、声帯を鳴らすだけの母音は、自然体のまま、つい漏れる音。使用言語にかかわらず、人は驚いたり感心したり、のびをするとき、自然に「おう」とか「あー」などと母音を発します。

素の状態のときに自然に出てくる、これらの発声音は、話し手にも聞き手にも「素のまま」という印象を与え、飾り気のなさを感じさせます。

また、母音は口腔のかたちで音韻種を作るために、くちびるが無防備に開いたように見えるのも、その特徴の一つ。くちびるの緊張も子音に比べるとかなり少なく、弛緩しています。このため、あどけなく無防備な印象を与えます。

飾り気がなく、あどけなく無防備。そんな母音には心地よい親密感があります。「ありがとう」「おかげさまで」「いいね」「うれしい」「えらいわ」など、母音のことばをかけてもらうと、心の境界線を越えて、温かく〝内側〟に入ってくる何かを感じませんか？

それこそが、母音の持つ感性効果なのです。

●イタリア人のキス、ドイツ人のキス

世界の言語には、母音主体に発音される言語と、子音主体に発音される言語があります。たとえば、イタリア語は、音節の最後に必ず母音が配置される言語（開音節語）で、母音に重きがあります。動詞の末尾の母音種で主格の人称が決まりますし（そのため、気軽に主格を省略します）、母音の抑揚で情感を伝えます。「母音が大事」なため、母音の表記と発音がほぼ完全に一致します（たとえば、aはあくまでもア。英語のようにaにエイなど複数の読みを与えたりしません）。

このため、イタリア語は全体に母音の印象が強く、そのしゃべり手に飾り気がない親しげな印象をもたらします。気取らず、友人と打ち解けてしゃべっているようです。特に中部イタリアの男性のしゃべり方は、まるで「少年のひとりごと」のように無防備でチャーミング。日本語脳で聞くと、「あ、そのー」が、ところどころに入っているように聞こえますしね（Io sonoは英語のI amにあたります。これが口ごもった「あ、そのー」に聴こえるのです）。

一方、地理的にはけっして遠くないドイツですが、イタリア語とドイツ語は、感性言語学的には対極に当たります。ドイツ語は無声子音が三音続くのも珍しくない子音偏重型。終始口腔を低く閉じ気味にして、口の中を見せず、くちびるを硬く緊張させ、強い息を規則正しく大量に擦り出します。手の内を見せない、厳格な感じがするのが、その「発音する姿」の特徴。無防備な口元で、その都度の感情で自由に抑揚をつけてしゃべるイタリア語とは、まったく違ったしゃべり姿に見えます。当然、発音した音韻も緊張感に満ちていますから、イタリアとドイツでは、男気《おとこぎ》のありようも、人間関係も大きく違うのではないでしょうか。きっと、いや絶対、口づけの仕方も大きく違うと思うのですが、残念なことに、どちらの男子とも試してみたことがありません。

●日本の乳首、フランスの乳首

うちの息子が赤ん坊のとき、哺乳瓶からけっしてお乳をのまないので、閉口したことがありました。私はフルタイムで働いていたので、それこそ死活問題だったのです。息子の〝口に合う〟ものを探すべく、さまざまなメーカーの哺乳瓶を取り寄せて、はたと気づきました。国が違うと、乳首（哺乳瓶のトップのことです）の形が違うのです。

一九九一年時点で、日本製のものは単純に丸い電球のようなかたちでしたが、フランス製のものは、大きく平べったく、先端に行くほど厚みがありました。これを三カ月もくわえ続けたら、きっと、喉の奥がぐっと広がるに違いない、フランス語の奥まった母音の発音もさぞかししやすいだろうと思わせるような形状でした。ドイツの乳首は、驚くほど平たく固いのだそうです。こちらは、息を擦りつけるのにふさわしい、平らな上《うわ》あごを作るに違いありません。私は、一瞬、各国の女性の乳首の形が違うのかしらと思い、フランス人やドイツ人のママのそれを想像して笑ってしまいましたが、まさか、そんなことはないのでしょう。先端が膨らんだ乳首も、平たく固いおしゃぶりも、その国の言語をしゃべるのにふさわしい口腔を作り上げるためのかたちなのに違いありません。

生まれたその瞬間から、ヒトの脳は、ミラーニューロン（鏡の脳細胞）を使って、目の前の人の表情筋を脳裏に映し取り、「しゃべるイメージトレーニング」を始めます。したがって、授乳しながらアイコンタクトして話しかけるのは、最高の英才教育です。

このとき、口腔の奥を使うフランス人のお母さんに育てられるフランスの赤ちゃんは、口腔の奥に意識が行きますから、先端の厚い乳首を好む傾向があってもおかしくありません。授乳期のお母さんの本物の乳首は、大きく柔らかく変容自在ですから、赤ちゃんによって、話しかけられる言語にふさわしいかたちで使われていくのでしょう。

最近、授乳中に携帯電話でメールやツィッターに夢中なお母さんも多いと聞きます。この赤ちゃんたちのあごは、どんなかたちに仕上がるのかしら？　ソーシャルネットワークシステムのせいで、人類がことばを獲得して以来、はじめて、どんな言語にも秀《ひい》でない人類が生まれているのかもしれません。脳の中で母語が成熟しなければ、周囲との共感が得られず、思考力も発想力も生まれません。なんとも、恐ろしいことです。

●アルデンテがわかるのはイタリア人と日本人だけ

授乳時に話しかけられた言語にふさわしいように口腔が変容するのであれば、大人でも、母語によって口腔の形が微妙に違い、あご関節や口角筋、息の使い方が違うわけですから、その口に入れて美味しいと感じる食感が違うことになります。

実際、口腔を縦に柔らかく使うイタリア語の人たちは、食べ物の弾力に美味しさを感じます。パスタの茹《ゆ》で具合に厳しいのは、その使用言語の特性にもよるのです。

口腔を低くして、大量の息を上あごに擦りつけてしゃべるドイツ語の人たちは、上あごに張りつくような、茹ですぎたパスタや、くたくたの酢漬けキャベツがお好み。かと思えば、パンは堅く平たくて、これも上あごに張りつきます。微温《ぬる》めのビールを大量に流し込むのも、「上あごを擦る快感」に無関係ではないと思います。

以前、ドイツ語文化圏でイタリア人の男性とパスタを食べたとき、その茹ですぎのパスタに腹を立てた彼は、「アルデンテ（絶妙な茹で具合）がわかるのは、世界でイタリア人と日本人だけ。今度は僕たちだけで戦争しよう」と言っていましたっけ。このセリフ、日本で働くイタリア人シェフからも聴いたことがあり、定番の軽口の一つのようです。

日本語もまた、拍（かな一文字単位）という非常に短い音節ごとに母音を持つ、母音主体の言語です。口腔を縦に使ってしゃべっているので、イタリア人同様、食べ物の弾力には繊細で、炊《た》き損《そこ》ねたご飯や茹で損ねたうどんは到底食べられません。「アルデンテがわかるのは、イタリア人と日本人だけ」というのは、語感の科学上まさに真実なのでしょう。

ただ、日本語は面白いことに、母音の抑揚で発音する大和言葉由来の訓読みと、子音を強く使う漢語由来の音読みを二重に持つ言語文化です。訓読みのことば（いのち、そら、こころ、ありがとう、ごめんなさい）は、イタリア語同様、口腔を縦に柔らかく使いますが、音読みのことば（生命、天空、精神、感謝、失礼）は、ドイツ語のように口腔を低くして息を擦り出しています。

つまり日本語は、母音主体語と子音主体語のどちらの言語感性も併せ持ち、自在に使い分ける言語なのです。ほぼすべての言語表現を、日本人は、訓読み系と音読み系の二通りに表現できます。「ありがとうございます。うれしかった」と「感謝しております。光栄です」のように。しかも、ねぎらいや親密感を表現したかったら訓読み系、敬意や責任感を表現したかったら音読み系と、無意識のうちに正確に使い分けています。

すべてのことばを、言語感性上、完全二重に表現できる言語。日本語は、この点において、非常に稀有《けう》で、機知に富んでいるのです。その世界観の豊かさゆえに、日本人の脳は、他の言語を獲得するときに、戸惑ってしまうのではないでしょうか。

そして、その稀有な言語を操る民族として、私たち日本人には、世界的に見て何か稀有な役割があるように思えてなりません。もちろん、すべての言語ごとに、稀有な特性があり、稀有な役割があるのでしょう。そう考えると、真の国際人とは、まず、「授乳時に話しかけられた母語」をしっかりと獲得しなければ成り立たないような気がします。

さて、そんなふうに、世界の文化を二分してしまう母音と子音の発音体感。母音文化論だけで本が一冊書けそうですが、それはまたの機会に。ここでは、私たち日本人にとって欠かせない五つの母音の情感をひも解いてまいりましょう。

あ

あい、あした、あかるい、あけがた、あっけらかん、ありがとう――。

「あ」は始まりの音。こわだりのない、まっさらな気持ちにしてくれる。

「あ」は、口腔を高く開けて発声する、開放の母音です。

母音全体の持つ飾り気のない無防備さに加えて、口腔内はもとより、喉まで開けてみせる潔さと開放感こそが、「あ」の持ち味です。

なお、潔さと開放感は、ア段音（あかさたなはまやらわ）に共通の情感でもあります。

●潔さと開放感が「あ」の持ち味

「あさ」は、口腔を高く上げ、そこに息の風が吹きぬけます。開放的な家屋に、光と風をふんだんに取り入れる日本の朝と同じ事象が口の中にも起こるのです。

「あな」は、口腔を高く上げておき、わざわざ舌を上あごにつけて口腔を塞ぎ、再び引きはがします。その一連の動作が、ぽっかり空いた穴を表現して秀逸です。

「あき」は、口腔を高く上げ、喉の奥からまっすぐに突き出すような「き」の音を出すことによって、口腔内の息をすべて追い出し、空っぽになった感じを作り出します。まさに「空き」なのです。

大和言葉研究によれば、「秋」は、葉が落ちて木々の間が空くので「あき」と名づけられたのだとか。「天高く」と称される、この季節の澄んだ青空もまた、すっきりと空いた口腔の感じに通じているように思います。

「あっけらかん」は、開放の母音aと、喉の破裂音kを多用して、喉の奥までさらけ出し、包み隠すところ一切なし！　と宣言しているかのような語感です。

「あか」は、口腔を高く上げ、喉の破裂を起こす音並び。カメラのフラッシュのような鮮烈な印象を感じさせる語感です。

……赤。人工的な色味のない太古の風景の中で、赤い実や赤い血、山の端《は》に落ちる夕日は、どんなにか鮮烈な印象だったのでしょうか。あの色に「あか」という鮮烈な音韻を与えた古代の人たちの目に映っていたものに思いをはせずにはいられません。

「あかご」は、肌が赤いからそう呼ぶのだと言われます。しかし、実際に母として新生児を抱いてみると、その肌の赤さより、ほとばしるような生命力に胸を打たれました。そして、新生児が全身全霊で泣く口元は、喉の奥までさらけ出す「あ」＋「か」の発音構造によく似ているのでした。そうしてみると、「あかご」は、肌の色目より、その生命力の鮮烈な印象と、喉の奥までさらけだして泣く姿を発音体感になぞらえて定着したことばなのではないでしょうか。

ちなみに、生まれたての子を表現するのに、「みどりご」ということばもあります。新緑になぞらえて言われたのでしょうか。面白いことに、赤の補色です。前々から、どうしてこの二つ？　と思っていたけれど、語感分析をしてみて、なるほど、とうなずきました。「みどり」の語感は、みっちりと重いのです。新生児を抱いたとき、その重量感に圧倒される親も多いはず。バランスの取り方を知らない新米の親と子にとって、三kgほどというのは意外に重く感じるものです。そのいのちに対する責任感の重さも、その重量感には加わっているのでしょうし。

こう考えてみれば、鮮烈な「あか」と、みっちりと重い「みどり」。生まれたての赤ん坊の存在感を表して、見事な二語だったのです。

●ことばと意識の関係は深く、プリミティブ

口腔が高く上がると、ヒトは自然と背骨がまっすぐになり、背筋が伸びます。

何かに驚いたとき、私たちは「あっ」と声を上げます。この瞬間、口腔が高く上がり、背筋が伸びきって、ヒトの動きはふっと止まります。まるで、脳天から糸でつられたかのような静止状態です。これには、脳科学上の深い意味があります。

動物の脳が何かを強く認識したとき、それが敵であれば逃げなければならないし、それが餌ならば追いかけなければなりません。認識対象が生存可能性に対してプラスに作用するかマイナスに作用するかによって、後の行動は正反対になるのです。

「あっ」が作り出す、すっと背筋を伸ばした静止状態は、背骨を前にも後ろにもひねることができるニュートラルな体勢。私たちは、強い認識と共に、無意識に「あっ」と声を出し、一気にニュートラルな体勢を作り出すのです。その後、前にも後ろにも素早く動けるように。

こうして、脳と発音体感の関係を突き詰めると、ことばと意識の関係は深くプリミティブで、ここにこそ、ことばの本当の意味があるように思えます。少なくとも、ことばは、単に、情報伝達の記号なのではありません。

さて、動作と意識の関係は不思議なもので、意外にシンプルな相互関係なのです。つまり、ヒトは、別に何かに驚かなくても、「あ」と発声すると、背筋が伸びて同様の体勢になるため、脳にはニュートラルな意識がもたらされるのです。

「あ」の発声は、単語の中で他の音韻と共に発音されたとしても、一瞬、脳天をつられたような体勢を作り出し、その体勢とニュートラルな意識は共にある。このため、「あ」は始まりの意識を呼び起こし、何かが新しく始まる瞬間に立ち会ったような気分を作り出すのです。あらた、あさ、あした、あすか……背筋を正して、これらのことばを発音すると、こだわりのないまっさらな気持ちが生まれてきませんか？

●古代日本人は「あ」で対話を始めた

「○○は」「○○が」など、日本語では、会話の主部にあたる文節にア段の格助詞をつける。それらは、〝これからこれについて話すから、こだわりのない、まっさらな気持ちで聞いてね〟という話し手の気持ちを表しています。

大和言葉では、私も「あ（吾）」、あなたも「あ」、あの山も「あ」と呼んだと言われます。自分を指して「あ」と言えば、「私のことを話すね」という気持ちを表し、相手を指して「あ」と言えば、「あなたについて言うわよ」という気持ち。遠くの山を指差して「あ」と言えば、「あの山について語ります」という気持ち。言われた相手は、まっさらな気持ちで、相手の話を聞こうとします。古代日本人は、「あ」一つで、対話の始まりを上手に演出できたのです。

西洋言語学の視点で見れば、三つの人称に区別がないのは、一見、合理的でないように感じますが、そもそも「対象を指し示す語」ではなく、「話し手と聞き手が心を揃えるための、始まりの合図」なのですから、その意味で大変合理的です。人称の区別は、身振り手振りや目線で補うことができますしね。ただ、記号にはしにくそうですが。

そう考えると、日本語が、他の言語に比べて文字を持つのが遅れたのには、こんな些細なところに理由があったのかもしれません。発音体感のもたらす情感を大事にしていた言語体系だったから。けれど、そのおかげで、音読みと訓読みの完全二重語感の稀有な言語となりえたのです。

ところで、英語の一人称主語に使われるIも、母音で構成されたことばです。アイは、始まりの母音aと、ぐっと前に出る母音·iの組合せで、「私」をアピールしています。この語感もまた、対話の皮切りによく似合います。

しかもこの相手に向かって自分をアピールするIを、英語人は受け身の「私」には使いません。その発音体感で、甘く、小さく、愛らしい存在感を呈するmeを使うのです。英語人の、語感や話者の立ち位置に対する繊細さもまた感嘆せざるを得ません。

英語といえば、up, in, on, to, fromなどの前置詞も、対象の位置関係を語感が表現していて面白いのです。upは、口腔を高く上げるアッと、破裂音のプの組合せ。上に飛び上がる体感を彷彿とさせます。inは、前にぐっと出るイと、納まりのいいンの組合せ。すっぽりと中に入る体感を作り出します。

英語を母語とする子どもたちは、自分のからだがすっと上がる感覚と共にUpを、自分のからだが前にぐっと出て、何かに納まるイメージと共にInを…と、自然に身につけていきます。このような意識に寄り添う語感のものがたりこそが英語の魅力なのかもしれません。

動詞だって例外ではありません。たとえば、goの発音は、喉の振動が拡散して消えるので、圧倒的に遠くに行ってしまう感じがします。これに対し、comeは、ぱっと何かを捕まえて近づける感じ。それが腑《ふ》に落ちてしまえば、〝I will come（今、行くよ）〟と〝I will go（もう、出かけるから）〟を間違わないですみます。

英語にかかわらず、何語であろうとも、その発音体感を味わってみれば、そのことばに込められた「意識のものがたり」が見えてきます。それは、脳の潜在域に深くかかわるもので、言語の本当の中核をなしていますが、理論的に伝えられるものではありません。

だから私は、外国語を習う時、その言葉を母語として育った先生に言語を教わることを、とても大事にしています。

美人のくちびる㉓ **宝のような女になれる呪文**

「ありがとう」ということばに、格別の心地よさを感じる人は多いと思う。感謝の意を表すという意味では、「感謝」でも「サンキュー」でもいいわけだけど、「ありがとう」と改めて言われると、ふっくらと満ち足りた思いになる。その理由は、語感にある。

内側をさらけ出す「あ」の後に、舌の振動音「り」、喉と鼻腔の振動音「が」が続く前半。振動は、「たくさん、累々」を感じさせるので、「ありが」は、「ほらみて、私の中に、こんなにたくさん！」という印象の発音体感だ。

そして、たっぷり溜め込んだ感じがする「と」と、内向と熟成の母音「う」で構成された後半。溜めて熟成させる印象である。

したがって、「ありがとう」は、「ほら、こんなにたくさん！　私の中にしっかりと取り込みました。大切にします」という語感のものがたりを持っているのである。

たった五文字のことばに、これだけのものがたりを託し、私たちは「ありがとう」を贈り合う。「ありがとう」は、やはり、人間関係の要のことばなのに違いない。

女性なら、デートや長電話の最後に、恋人に「ありがとう」を言ってほしい。妻なら、夫がいつものように家事を手伝ってくれたときに。「お互い様なのに、何で私が？」なんて心根の貧しいことを言わないで。

なぜなら、「ありがとう」(「ほら、こんなにたくさん！　私の中にしっかりと取り込みました。大切にします」）と言われると、男たちは、秘密の宝箱に、素敵なものを一つしまったような気持ちになる。「ありがとう」の多い女は、男の無意識の中で、素敵なものがいっぱいに詰まった秘密の宝箱になれるのだもの。

コレクション癖は、男性脳の愛しい特徴だ。幼い頃のメンコ、ミニカー、シール、カード、長じてからは万年筆、時計、ナイフ、鉄道模型、時刻表……男たちは、何かを集め始めたら止まらない。コレクションに長い時間とお金と労力をかけ、集めたモノたちには一生心をかけていく。

大切なひとに愛をコレクションしてもらうために、女は「ありがとう」を増やすべきである。努力するだけのことはある。女が「コレクションでいっぱいの宝箱」になったら、男は、けっして、そのひとを手放さない。

長い縁の果てに、男を虜にするのは、美しい肢体でも、カッコイイ知性でもないみたい。シンプルに、「ありがとう」の積み重ね。ことばの力は、整形よりも偉大である。絶対に。

い

いい、いのち、いちず、いっしん、いさぎよさ、いじらしさ

「い」は一途。まっすぐ、前向きである。

「い」は、口腔を狭く使い、舌のつけ根から中央に向かって、強い前向きの力を走らせて出す母音です。「い」と発音すれば、からだがぐっと前のめりになるほどです。

母音全体の持つ飾り気のない無防備さに加えて、強い前向き（外向き）の意識の表出こそが、「い」の持ち味です。また、口腔が狭く使われるので、やや尖ったコンパクトなイメージも伴います。これが一途さにつながります。

なお、この意志の強さと尖ったイメージは、イ段音（いきしちにひみいりゐ）に共通の情感でもあります。

●「イチロー」の効用

からだを前のめりにするほどの「い」は、強いアピールを感じさせます。意識、意志の「意」は、まさに語感どおりの意味なのです。意を表す「い」は、肯定と受容の「いい」にも、拒絶の「いいえ」「いや」にも使われていますね。

イ段の音たちは、意を表す「い」と、子音の質感との組合せで、さまざまな〝意識の色合い〟を表しています。

前歯の裏を強く擦る、疾風のような子音SHを伴う「し」は、身体の外へ強く押し出される感覚を伴います。強いアピールをもつ「い」に、さらに強く押し出す「し」を添えた「意志」は、「意」よりも恣意《しい》的で、決心が固い感じがしませんか？

舌を膨らませて弾《はじ》く子音CHを伴う「ち」は、イの前向き（外向き）の意識に、粘り強さと賑やかさを足した発音体感。したがって、「市」「命」は、まさに、溢れて飛び出すかのような、強い生命力を感じさせます。

口腔を狭く堅く使い、ぶれないので、わき目も振らない感じがするのも「い」の特徴です。一途、一心、潔い……そこには、切ないほど一筋の思いが感じられます。

マリナーズのイチロー選手は、「イチロー」と呼ばれて大正解。この方の持つ、切ないほどの一途さと潔さを、この呼称は本当によく表しているからです。「スズキ」と呼ばれたら、もう少しスマートな印象になったはずで、イチロー選手の、言い訳をしない潔さが裏目に出て、すかした天才に見られていたかもしれません。

これは、なにもスズキの語感が悪いと言っているのではありません。あのあっさりした物言いのスターの呼称にしては、スマート過ぎるということ。語感と実体の組合せの妙があるのです。したがって、呼びやすいファーストネームが成功したからといって、ジロー選手やサブロー選手がマネをしても、ここまでの華やかなイチロー効果は出ません。「い」の語感と、彼自身の特性の響きあいが良かったのですから。

「い」は、口腔を狭くして、すばやく強い力を走らせます。この語感は、粋《いき》で、直感力の鋭い感じを彷彿とさせます。「いき」な人は小さく動く、「インスピレーション」はすっと出てくるものですから。

「直感」「予感」「発想」ということばがあるのに、私たち日本人があえて「インスピレーション」を併用するのは、「い」の語感効果によるのでしょう。「インスピレーション」に較べると、「ちょっかん」はかなり賑やかだし、「よかん」は弱過ぎます。

「い」の狭く強い力は、尖った印象にもつながります。「いらいら」「いばら」のように、小さな棘がちくちくするような印象を幇助《ほうじょ》します。

母音イは、その直前に配される子音の質感を押し出すようにアピールするので、口腔内外の筋肉を最も固く使う子音Kとの組み合わせ「き」は固く尖った印象を、息の放射を伴うCHとの組み合わせ「ち」では力強さを、舌を持ち上げて、舌の裏を冷やすLとの組み合わせ「り」ではクールな理性を感じさせます。

しかしながら、素のままの「い」は、尖った印象といいながら、素朴な親近感を伴っています。相手をつつくイメージの「いじわる」「いけず」に、ちょっと甘えたような親しげな印象があるのはこのためです。

美人のくちびる㉔　恋の呪文

一途で切なくて、ちくちくして、わくわくして、甘い親密感、セクシーな余韻。「いじわる」の語感である。

こんなに、恋する気持ちに似合うことばを、私は他に知らない。

先頭の「い」、続くイ段音の「じ」が、一途で切ない、ちくちくするような印象を作り出す。「じ」の子音Jは、つばが滲み出して溜まる、みずみずしくジューシィな語感。口の中に、甘い果実を含んだような感覚を作り出す。「わ」はふわふわ、わくわくと境界線が広がるイメージ。「る」はくちびるをすぼめて、その隙間から舌が翻るのが見える、なんともセクシーな印象の口元を作り出している。

恋人に「いじわる」と言って甘えると、それだけでわくわくする。恋人に「いじわる」と言ってからまれると、甘酸っぱい気持ちになる。その作用の大部分を、「いじわる」の魅惑的な発音体感が作り出している。

恋人の言動が無神経だったとき、「ひどい」と真正面から責めるより、「いじわるね。そんな物言いをするなんて」とからんであげよう。彼は、「いじわる」の語感に胸がきゅんとして、あなたの思いに心を砕いてくれるはず。多くの場合、なじるよりずっと効果的である。「いじわる」は、オールマイティな恋の呪文なのだ。

思えば、恋というのは、「いじわる」と言わせるために何かを仕掛けていくもの。あるいは、「いじわる」と甘えてからむために、何かを仕掛けられていくものである。

恋の達人は、「好きだ」「愛している」を言わずに、甘い「いじわる」を積み重ねていく。いくら「好きだ」「愛してる」を連呼しても、恋人の「いじわるね」を誘えない男は、恋ができていないのである。

逆に、長い恋の果てに「好き」「愛してる」のことばが消えても、ほんのたまにいじわるをしてくれる男は、恋を継続してくれているのに違いない。「背中を掻いて」と頼んだら、わざとちょっとずらした場所を掻く夫は、きっと妻に恋をしているのだ。

語感が教えてくれる、恋の秘密。恋は、やっぱり意味でするものじゃないみたい。

う

うれしい、うなずく、うちき、うれう、うらめしい――。

「う」は憂い。降り積もる思いを感じさせて、静かな迫力がある。

「う」は、唇を閉じ気味にし、舌を後ろに引っ込めながら出す母音です。その際、唇の中央に力が集中するため、内向し、集中する意識を伴います。

母音全体の持つ飾り気のない無防備さに加えて、内向するナイーブさと集中力こそが、「う」の持ち味です。

なお、ナイーブさと集中力は、ウ段音(うくすつぬふむゆる)に共通の情感でもあります。

●「う」は内にこもる、熟成を感じさせる

舌を奥へ引きこむ「う」は、内向きの意識、内向きの力を感じさせます。

「うち（内、家）」は、意味に重ねて、強く内側を意識させる語感。「有無を言わせず」の「うむ」の語感は、「う」に鼻腔に音がこもるウ段音「む」を連ねて、〝手も足も出ない〟イメージを作り出し、この慣用句の意味を強めています。

内向きの意識を、さらに強く作り出す音並びがあります。「う」で始まり、舌を弾くように奥に持ち込む「つ」で終わる「鬱《うつ》」「鬱屈《うっくつ》」です。

この並びで発音を連ねると、内に封じ込められたかのような体感をもたらします。脳裏には、出口のないイメージを作り出すのです。

だから、「あなたは、うつ病です」と言われてしまったら、逃げ場がなくなってしまう。そもそも内向する意識をどうにもできなくなって、クリニックを訪れるのでしょうに、決定的な重しを病名の語感が与えてしまうのです。あの病名、何とか別の名前にできないものでしょうか。

「うた」「うさ」のように、息を発散する音韻（た、さ）を連ねると、内にあるものを気持よく外に発散する感じが伴います。「うきうき」は、心の高揚が隠し切れない様子を、語感も呈しているのです。

「ミカ、ミキ、ミクの三姉妹」と言われたら、なんとなくミクちゃんは、内気でいじらしい末娘という感じがしませんか？「ミクは、あっけらかんっとした性格の姉御肌。内気なのはミカです」なんて言われると、うっすらと違和感があるはずです。

この三つの名は、語尾の母音が違うだけ。語尾の母音だけでも、イメージはかなり左右されます。そして、ミクの持つ、内気でいじらしいイメージこそが、母音「う」の醸し出す余韻なのです。

さて、内気な末娘のミクさんを、いま一度しっかり想像してください。彼女は、あまり軽々しく口を開かないけど、いったん口を開くと、熟考の末に出たことばを表出する。そんな気がしませんか？

ウは、他の母音に較べて、発音の口腔形を作ってから、実際に音が発生するまでに時間がかかるという特徴があります。このため、内にこもって長い時間をかける＝「熟成させる」イメージもあるのです。すなわち、〝思いの時間〟を感じさせます。

このため、私たちは、語尾がウ段音で終わる名まえの方の発言には、「熟成させたことば」という感覚を持ちやすいようです。本人は、案外、思いついたことをしゃべっているだけなのかもしれないけれど、オサム、ミノル、タスクなどウ段音終わりの名の人の発言は、なぜか「長く温められたアイデア」のような感じがする。「う」始まりの名まえにも、この効果があります。

そんな話を、大阪のあるテレビ番組でお話ししたら、その時、そのテレビ局では、放送作家のすべてがその法則に当てはまると言われたこともあります。そういえば、「おくりびと」で有名になった放送作家、小山薫堂《こやまくんどう》さんも、その法則の名の人ですね。

名は、育ってくるにあたり、何度も繰り返し聞き、名乗って体感する語感なので、本人の意識への影響も大きいようです。「う」の魔法が効く名まえの方は、クリエイティブな能力が高く、さらにその道のプロになると有利なようです。もちろん、「う」に限らず、すべての音韻に、何らかの魔法がかかっているのですけどね。

●「嬉しい」は願いが叶ったときに出ることば

内に込められる力は、潜在能力を彷彿とさせます。「うず（渦、埋）」は、その意味に重ねるように、潜在するパワーを語感が知らせてくれます。

「う」に関しては、語尾に配されたときの効果も絶大で、見逃せません。「ポテンシャル」は、たっぷりとした量感をもたらすポテテ、息の放射によって光を彷彿とさせるシャを、舌を巻きこむウ段音「ル」によって、包み込むように内向きにまとめています。大いなる何か、輝かしい何かを内に秘めた印象を作り出す語感が「ポテンシャル」なのです。

マーケティングの現場では、経験則で、商品名やブランド名の最後に「X」「ックス」を配すると、技術力と未来への伸びしろを感じさせると言われていますが、強いウ段音を三つ連ねた「ックス」は、高いポテンシャルを感じさせるからなのでしょう。

「う」の体感は、思いの深さ、長さを感じさせる。その「う」に、舌を翻して「内面を披露する」イメージを作り出すラ行音を組み合わせると、なかなかに強烈な「心情の吐露」を感じさせることになります。長く思いつめてきたことを、今、はらりとここに投げ出しました、という感じの。

「うれしい」は、だから、ずっと願っていたことが叶ったときに、思わずあふれ出ることば。今この瞬間の気持ちを爆発させる「たのしい」とは、込める思いの種類が違います。

「うれい」は、長く淡く降り積もった思いを感じさせ、負の意味を持ちながらも、「憂いを感じる相手」への愛を彷彿とさせます。

口腔を低く使う「れ」に、口腔を高く上げて、派手に舌の落差を作る「ら」を重ねるとさらに強烈です。「うらみ」「うらめしい」「うらやましい」は、ずっと抱えてきた激情を、派手に吐露した語感を伴うことば。マイナスの感情に使われる「恨み」「恨めしい」には、意味をはるかに超えて、鳥肌が立つような怖さがあります。

ちなみに、内向する「う」に、舌を華やかに翻す「ら」を組み合わせると、舌の裏側が最も広く空気にさらされます。ためしに、「しら」「はら」など、別の音韻との組み合わせを発音して比較してみてください。だから、「裏」は「うら」なのかもしれません。ことばの始まりの場所に、発音の体感はしっかりと寄り添っているようですね。

美人のくちびる㉕ 思いの深さを伝える呪文

稀《まれ》にしか逢えない、大切なひとがいる。

そのひとが、横断歩道を渡ってくる姿を見ただけでも、私の中からあふれ出る光がある。障子越しの春の日差しのようなそれ……ことばにするなら、「嬉しい」しかない。

私は、だから、開口一番に「嬉しい」と告げる。「お久しぶり」でも「元気？」でもなく。私の大切なひとは、眩《まぶ》しそうな顔をする。私たちはきっと、「うれしい」が放射する、語感の光に包まれているのだろう。思いの深さを伝える「う」、品よく舌を翻す「れ」、息の放射が光の放射を思わせる「し」……白く柔和《にゅうわ》な光が当たりを照らすような語感。

このことばを口にする度に、私は、この日本語があることに感謝する。本当に、心から。

もしも、神様に、「あなたの口から、たった一つのことばを残して、すべてのことばを消すよ。何を残したい？」と尋ねられたら、私は迷わず「嬉しい」を選ぶ。思いの深さを伝えること。それ以上のコミュニケーションが、この世にあるのだろうか。

ただし、「嬉しい」を口にするには、「思いが溜まる時間」がないと駄目なのだ。先週も先々週も会っていては、このことばは似合わない。

だから、「嬉しい」を言いたいひとには、心して、頻繁《ひんぱん》には会わないのである。大切なひとほど会える機会が少ないのが、私の人生だ。でもね、「うれしい」の光に包まれるためには、それもいたしかたない（社会的責任のある五十代としては、これくらいがまぁ、バランスもいい）。

「嬉しい」を言いたい食べ物も、頻繁には口にしない。「嬉しい」を口にするために、達成に時間がかかるテーマを選ぶ。仕事でも、研究でも、趣味でも。よくよく考えると、私は、「嬉しい」を重ねるために生きているようである。それはそれで、なかなかよくできた人生だと思う。

デートの最後に「今日は一緒にいられて、嬉しかった」は、オトナの女が口にするには少々重すぎる。初デートならいいけれど、毎回なら、ちょっと胃にもたれる。

なので、私は「またね」を定番にしているのだけれど、ときどき、別れ際にも嬉しい気持ちを伝えたくて、たまらなくなるのだ。

そんな時、私は、「またね」の前に、声にならない「う」を添える。「う」の口腔型だけを作るのだ。「(う)またね」という感じに。

その口元を見て、私の大切なひとは、「何か、言いそびれたことがあるの?」という感じで、わずかに動きを止めるけど、たいていは、時間か人ごみに流されていく。

それでいい。次にまた逢うまで、彼の脳裏にいくどか浮かぶであろう、ほんの些細な引っかかり。あまりにも長いインターバルに、彼が私を失念しないために、それを残して、私も、自分の時間の流れに乗る。

私たちは、愛を口にしないし、記号論上は、そういう関係でもない。でも、逢《おう》瀬《せ》の最初と最後の「う」が、私たちの間に降り積もる何かを作ってくれている。

私が先にお棺《かん》に入ったら、彼は、その降り積もったものに何ということばを与えるのかしら。愛？　思い出？　なんでもいい、それが、彼の老後をほんの少し照らしてくれるといいなぁと思う。

え

えん、えいち、えいせい、えいえん、エレガンス――。

「え」は永遠。英知を感じさせ、憧れを作り出す。

「え」は、舌を平たくし、その舌を下奥に引きつけながら出す母音です。口腔を低く広く使うため、広々と遥かな感じ、俯瞰《ふかん》する視点＝客観性を感じさせます。

母音全体の持つ飾り気のない無防備さに加えて、適度な距離感と客観性を感じさせる大人の信頼感が、「え」の持ち味です。

なお、広さと永遠性（遥かな時空）と客観性は、エ段音（えけせてねへめえれ）に共通の情感でもあります。

●永遠、遥かなる「え」

「え」を発音するとき、筋肉の緊張は喉奥に向かって走るのに対し、舌は前方に向かって、広々と押し出されます。この体感は、広く、遥かな感覚を呼び起こします。

「えちご」は遠く、「いちご」は小さい。「えん（縁）」は時空を超える遥かなもので、「うん（運）」と「おん（恩）」は局地的、個人的に起こること。

この効果は、語尾母音にも強く表れます。

「アテネ」は、二十一世紀の今も存在する都市なのに、なんとなく悠久の歴史の向こうにある感じがしませんか？　同じ古代都市でも、「ローマ」はもう少し現実の範囲内に感じられます。

「エルメス」はいわずと知れた高級ブランド名ですが、冒頭の「え」と、満ち足りたイメージの「メ」の相乗効果が、ブランドの歴史を感じさせて秀逸です。「シャネル」も、「ネ」が効いていますね。「シャナル」や「シャニル」だったら、風格に欠けるように思います。

永遠、永劫《えいごう》、エタニティなど、宝石に与えられるキャッチフレーズにも、「え」は多用されます。「メルセデス・ベンツ」もエ段音が多用され、永遠の憧れを誘う語感に仕上がっています。

「え」の発音体感は、広々とした場所を眺めている感じをも彷彿とさせます。それは、客観性の高さを感じさせ、知性につながります。

「えいち（英知）」「えいさい（英才）」「ちえ（知恵）」などは、語感が、その意味を強めています。「英才教育」というと、小学校に入るはるか以前から始めなきゃならないような焦燥感に駆られるのは、その遥かさも影響しているのかもしれません。

「りえ」「ひろえ」「さえ」「たかえ」……エ段音で終わる女性名を並べると、賢く落ち着いた女性像が浮かびませんか？　スイートな愛らしさを特性に持つ「まな」「りみ」「あや」「じゅり」などと比較すると、「え」の持つ客観性イメージがよくわかると思います。

●控えめな「え」

口腔を低く使う「え」は、控えめな印象を与えます。

控えめに、自然な距離を感じさせる「え」は、対話で、相手との距離感を調整するのに便利です。「そう！」「そうなの～」と応じれば話題に興味があることが伝わりますが、「そうなのね」「かもしれないわね」と応じれば、話がまとめられて遠くに置かれた感じがして、相手は、この話題を発展させられなくなります。優しく受け止めて、かつやんわりと終結させる。先頭の「え」や語尾のエ段音が持つ効果です。

また、うなずきの中に、上手に「ええ」を織り込める女性は、控えめで知性的な印象を与えます。ただし、その場合は、一音の発音時間を短くとることが大事です。

喉の奥を刺激する「え」は、長引くように発音すると、雑音が混じって、やや下世話な印象になります。控えめ感を作り出す舌を退ける発音体感も、行き過ぎると卑屈なイメージを作ります。「えへへ」という笑い声が卑屈な意識と共にあるのもそのためです。関西弁の「ええかっこしい」は、喉の緊張音「かっこ」につなげるために、「え」をいっそ喉奥に引きつけて発音するので、下世話さが際立ちます。

美人のくちびる㉖　手綱をゆるめる呪文

「いほこに」と題したメールをくださるひとがいる。

このタイトルは、語感が「今、とても親密に、きみを思い出したよ」と知らせてくれる。舌が上あごに密着するイ段音「に」の効果だ。私の名の場合、冒頭の

「い」がさらにその効果を高めるので、そのタイトルを目にした途端に、彼が傍にいるかのようである。

だから、本文は極端に短く、傍らにいる男友達が、ふと思いついた一言を言うような、挨拶もない話し言葉で十分である。タイトル「いほこに」、本文「例のあれ、五月二十四日に決まったよ」てな感じの。

これは、まさに、メールの達人である。時間僅少、効果絶大。

私の方は、「あなたに」と返すときと、「あなたへ」と返すときがある。

前者は親密感を、後者は憧れを伝えたいときに。

タイトル「あなたに」、本文「今朝がた、あなたの夢を見ました。そうしたら、メールをいただくなんて、以心伝心?」

タイトル「あなたへ」、本文「あなたは、何て素晴らしいの！　あのパフォーマンス、尋常じゃないわ」

女性は、親しい間柄の男性に、つい「に」を連発する癖がある。心が近くにあるからね。しかたないけれど、語感的には得じゃない。

「ここへきて」はお願いだけど、「ここにきて」は、命令に聞こえることもある。

「どこに行くの？」は、ついてきちゃいそうだけど、「どこへ行くの？」は、ついていく気がない感じがする。

恋人に「に」ばかり使う女性は、相手に支配しようとしているように感じさせることがあるので、気をつけて。ときには、あえて「へ」を使って距離を作り、息抜きさせてあげたほうがいい。突き放されたのかと思って、マンネリのカレシが、速攻で優しい返事をくれることもあるし。

お

おん、おんだん、おおう、おおきい、おかあさん――。

「お」は包み込む。存在感と包容力を感じさせる。

「お」は、口腔を大きな閉空間にして出す母音です。口元に、手のひらで何かを大切に包み込むような体感を作り出すとともに、大きさを感じさせます。また、一気に閉空間を作るため、他の母音に較べて、筋肉の動きに時間軸変化がほとんどありません。このため、「動かず、ここにいる」存在感や安定感を呈します。

母音全体の持つ飾り気のない無防備さに加えて、包容力と大らかさ、安定した存在感こそが、「お」の持ち味です。なお、包容力と大らかさ、安定した存在感は、オ段音（おこそとのほもよろを）に共通の情感でもあります。

●大きい「お」、重い「お」

その昔、息子の保育園の遠足で動物園に行きました。面白いことに、二歳に満たない幼子は、ゾウの前では「おー」、キリンの前では「あー」と声をあげていました。

ことばを知らない子どもたちは、大きなものを見たら自然に「お」を、高いものを見たら自然に「あ」を発音したくなったのでしょう。見たままに発音したくなる本能は、三歳までの子に、特に強く備わっているものですが、大人にも、この感覚は残っています。

口腔を大きな閉空間にして、音響振動をこもらせる「おー」には、大きさと重さ、量感を感じさせる体感効果があります。「大きい」「多い」「重い」は、だから、意味と語感が響きあうことば。「思い出」も、かなり重い感じがしますね。

「お」は他の母音に較べて、筋肉の動きに時間軸変化がほとんどありません。たとえば、「い」は、舌のつけ根から中央に向けて力を走らせますし、「う」「え」は舌をひっこめます。これらに較べると、「時間変化のない感じ」がするのが「お」の特徴の一つ。確かな存在感や落着きを感じさせています。なお、「あ」は、口腔を上げながら発音するので、時間変化はあるものの、場所は動かない感じがします。すっくと立った感じですね。

イタリア語では、一人称に使われる動詞の語尾のほとんどがoで終わります。二人称は

i、三人称はaやeです。

「私」の動作には、確かな存在感を醸し出す「お」を、「あなた」の動作には、外向きのベクトルを感じさせる「い」を、「彼、彼女、あれ」の動作を表すのに、遠い距離感を呈する「あ」や「え」を使うとは、さすが母音主体のお国柄。実際に喋ってみると、かなりすんなり腑に落ちて、しゃべりやすい語感ルールです。

●「おれ」か「ぼく」かの選択

存在感の「お」に、舌を華やかに翻す「れ」を連ねた「おれ」は、かなり強い自我を呈します。これを使う男子は、「ぼく」を使う男子よりも、我の強い感じがしますね。男らしいものの、目上の人の前では使いにくく、とはいえ、「ぼく」も、ナイーブで甘ったれた幼い感じがしますから、十五歳以上の男子にとって、「おれ」か「ぼく」かの二者択一を迫られるのは、かなり難しい気がします。「わたし」は、かなり大人にならないと、気取った感じがしますしね。

よくよく観察してみると、現代のこの国の男子たちは、みな、巧みに一人称を避けて、しゃべっています。幕末の武士や明治の軍人たちが、「わし」「おいどん」など堂々と一人称を使う姿をテレビドラマで観るにつけ、一人称の隠ぺいは、男子たちの男気にとって、悪いことなのじゃないだろうかと、ふと不安になることがあります。

また口腔を大きな閉空間にする「お」は、手のひらで優しく包み込むような感じを、口腔周辺に作り出します。このため、大きく優しく包み込む包容力をイメージさせます。

それが転じて、「大切なもの」「大切にすべきもの」を感じさせてもいます。丁寧の接頭語「御」は、まさにその語感効果を記号にしたものなのでしょう。

また、閉空間にこもる息は、ほどよく口腔表面を温めるため、温かさもまた、この語感の主要なイメージの一つです。

美人のくちびる㉗　家族を結ぶ呪文

たまに会う大切なひとにあげるのにふさわしい音韻が「う」なら、共に生きる大切なひとにあげるのにふさわしいのは「お」である。確かな安定感と、温かい包容力を感じさせるこの語感。家族になるということは、「おはよう」と「おかえり」を言いあう関係になるということ。ことばの感性学上、そう言い切ってもいいと、私は思っている。

実は、私の父が、私が嫁《とつ》ぐときに、「夫婦は、どんなに馴れあっても、朝は、おはようと挨拶をしあいなさい。やがて子どもが生まれたら、家族で言いあうこと（我が家のように）」と言って、送り出してくれたのだ。結婚生活について、父が教訓めいたことを言ったのは、それただひとつである。父は、高校の教師だったのだが、「それがない家庭の子は、なぜか情緒が安定しないから」と、理由を教えてくれた。

「おはよう」も「おかえり」も「おやすみなさい」も、温かい包容力が、ずっと変わらずここにあり続けるイメージを脳に届ける。私は、「おはよう」は、「今日もここにいて、ちゃんとご飯作ってあげるからね」の代わりに言っているし、「おかえり」もそうである。もう一安心させたいときは、「おつかれさま」もつける。「お」に、光の放射を感じさせる「し」を連ねた「おいしい」は、食卓全体を温かい光で包み込む。刹那に照らす「うれしい」とはまた別に、人生の欠かせない、豊饒《ほうじょう》の光である。

終章　言葉は媚薬となりうるか

女は、言葉でイク。それは、本当である。

しかし、そのことは、男性諸氏が想像しているのとは、少し違う事象なのではないかと思う。

よほど自己愛の強い女か、言葉で嬲《なぶ》られるのが好きな性癖の女でない限り、ベッドで饒《じょう》舌《ぜつ》な男なんて、女にはただ気持ち悪いだけだ。そもそも上質の女たちは、男性脳がおしゃべりのために作られていないことを知っている。黒川伊保子の本なんて読んでいなくても、自然にね。言葉を連ねる男なんて、魂がそこにないことを証明しているようなもの。興ざめである。

オトナの男女の肌合わせは、たとえ夫婦であっても、一期一会《いちごいちえ》だ。そこに至ることは簡単じゃないし、ここからいつまでこういう営みを続けていかれるかもわからない。ただただ、忘我にして陶酔の境地にいてほしい。願わくは、肌に触れた途端に、深いため息をついて、絶句してほしい。ベッドでは、男の沈黙もまた、艶めく「言葉」なのだから。

それでも、女は、言葉でイク。

じゃあ、どうすればいいんだよ？　という読者諸兄の声が聞こえそうである（微笑）。

もちろん、そのことにお応えするのが、この原稿の主旨である。

●言葉の飴玉

女が欲しいのは、脳の中でリフレインできる「きっかけの言葉」だ。

上りつめていくとき、飴玉のように、脳の中で甘く転がす言葉。たった、一言でいい。今、自分の肌に触れて絶句している男が、先にくれた一言を、女は脳の中で繰り返す。無意識のうちに、それをしていることもある。その脳内言葉の効果は、男性の想像を超えて絶大なのである。

しかし、その言葉の多くはベッドの中にはない。その日、ふと心をほどくきっかけになった言葉、あるいは、心をときめかせた言葉。男にしてみれば、本当にさりげない一言だったりする。

たとえば、デートの初めに自然に口から出た言葉、「やっと、会えたね」とか。たとえば、些細なことに意識がひっかかって堂々巡りをして、「そんなこと気にするの？　かわいいね」と言われたとき。

当然、褒め言葉も効く。寿司屋のカウンターで、「おや。きみの指は、きれいだね。白魚《しらうお》のような、というけれど、こういう指だったんだな」なんて言われて、三時間後、ベッドに入って、ことさら指を優しく撫でてくれたら、これはもう、忘れられない一夜になる。

下半身の頑張りなんて、こんな言葉の媚薬には、到底かなわないのである。

心に残る言葉なら、何年も使うことがある。私自身は、その日ベッドに至るまでの間に「言葉の飴玉」をもらえなかったときは、とっておきの「保存食」を取り出すことにしている。一生使える珠玉の言葉を、ちゃんともらっているからね。

「きっかけの言葉」を渡せたどうか自信がない方は、ひとつになった直後に、一言洩らすといい。「やっと、ひとつになれたね」「ああ、ほんとうに、きれいだね」「気持ちいいなぁ」、基本的には素直な感想で十分だ。何か気の利いたことを言おうとするのは止めたほうがいい。下半身が反応してきたら、言語機能がいっそ散漫になる男性脳のこと、頑張ろうとすると言葉をかむし、ここで言葉をかむのはご法度だもの。

何も思いつかなかったら、一つになった瞬間に、感じ入ったように相手の名を呼ぶことだ。これは最終兵器である。毎回繰り返しても、ちゃんと「言葉の飴玉」になる。

なぜなら、人生の初め、その赤ん坊を愛する人によって与えられる名は、その人のいのちの放つ色彩によく似ているから。いくつになっても、その人の魂にみずみずしさを呼び起こす、魔法の言葉なのである。私は、年を重ねるほど、人は名で呼ばれるべきだと思うし、最短にして最も効果のあるピロートークだと思う。

●ことばに惚れ直す

先日、輝くような才能を見せてくれた、世にもチャーミングな青年を、事故で失ってしまった。二十四歳の若さである。

私はただのファンに過ぎない立場だが、心酔していた稀有《けう》な才能に二度と触れられない、その喪失感は思ったより深く、身内の死とはまた別の悲しみを私にもたらした。……世界の一角が消えてしまった。

私の大好きな人は、憔悴《しょうすい》する私に、短いメールをよこした。

「そう……。

神から与えられた現身《うつしみ》は神に召される。

それに立ち会えたならば、それ以上の幸せはないよ。

悲しまなくてもよい。」

悲しまなくてもよい、って、あなた……と、私は、絶句してしまった。意味的には、反論したくなる、この言葉。しかし、「よい」という語感が、私を捉えて放さなかった。意外にも気持ちよかったのである。私は、メールを返した。

「そうね。
理屈ではわかる。悲しまなくてもいいってこと。
きっと彼は、楽しげに、天にいる。
……けど、悲しみは、とめられないのよ。」

彼はまた、短いメールをくれた。
「理屈ではなく、大いなる意思を感じるのだよ。
その人と、あなたの中のね。
だから、悲しまなくてよい。」

今度の「よい」は、しっかりと私を抱きすくめてくれた。絶対にことばなんかじゃ癒されないと思っていた悲しみが、不思議なことにゆらりと揺れて不確かになり、私の中の、消えた世界の一角が戻ってきたのだった。

ある若者が生きて輝いたこと、私がそれに触れたこと、そして、私の大好きな人が私の（魂の）傍にいてくれること。人生は、捨てたものじゃない。心底、そう思えた。ほんの数日前の出来事である。

長いつきあいの男に、こんなふうに、改めて惚れ直すことがある。互いに年齢を重ね、オトナになった。若いころに比べて、ことばは少なく、そして深くなっていく。

「悲しまなくてよい」は、ここからの人生で、きっと何度も私たちの「言葉の飴玉」になっていくのだろう。やがて、ずっと先、もしも彼が先に逝《い》ったなら、彼自身のことばが、私を包み込んでくれるのに違いない。私は、きっと、この言葉で、たった一人でもイクと思う。

●上質な男はヤ行音を使う

「よい」は、ヤ行音で始まる言葉である。

〝上質な男の情緒は、ヤ行の中で揺れる〟

実はこれ、女を五十二年間、ことばの研究を三十五年、男女脳の研究を二十五年やってきて気づいた幾多の男の法則の中で、最も気に入っている法則である。

ヤ行音は、イから他の母音への変化で出す音韻だ。イからアへの変化を一拍で行うとヤ、イからウの変化ならユ、イからオへの変化ならヨとなる。

イは、口腔を最も小さく固くする母音なので、どの母音に転じるにせよ、ヤ行音は口腔内の筋肉を弛緩する感覚をもたらしている。また、舌を微妙に揺らすので、他の音韻に比べて、発音運動にかける時間が長いのである。

したがって、ヤ行音は、脳に「長い時間をかけた感じ」と「深い癒し」を同時にもたらす。オトナの男が使うのに、こんなに似合う音韻もないと私は、常々思っている。

というのも、私の大好きな人は、なぜかヤ行音をうまく使う天才なのだ。それはもう、言葉フェチの私にとっては、魔法使いと言っても過言ではないくらいに。

彼は、私の元に帰ってきたとき、必ず「やれやれ」とつぶやく。

オトナの男が、戦場のようなビジネスシーンから何とか抜け出してきて、尖った顔で、私の横に座る。私の顔を覗き込んで、目元を緩め、「やれやれ」と言う。それから、彼らしい指で、ネクタイの結び目を緩める。ただそれだけなのに、この「やれやれ」は、私たちの時間のオープニング・セレモニーになる。

「やれやれ」の語感は、「長い時間をかけて、ここに来た」というイメージを脳に伝えてくるからね。一日中くたくたになるまで働いたのも、混んだ道を走ってきたのも、みんなあなたに会うためだったのだよ、そんな暗黙のメッセージをくれる。

音韻の言葉が便利なのは、意味に縛られないから、解釈に幅が作れることだ。一カ月に一度しか会えない関係ならば一カ月分の時間を、三時間ぶりに会ったのだとしても三時間ぶりの時間を「やれやれ」は感じさせ、それぞれの時間をほどよく埋めて、癒してくれる。

「やっと、会えたね」「やっと、ひとつになれたね」も、同じ効果がある。

「やれやれ」だけじゃない。私が理不尽なことを言い募っても、彼はキレずに「おやおや」とあきれるだけ。甘えれば「よしよし」と話を聞いてくれる。嬉しい出来事を話して聞かせれば「そりゃ、よかった」と喜んでくれる。胸に引っかかっているあれやこれやをひとしきり話してほっとして、彼の腕の中に納まれば、「やっと、きたね」である。

彼に限らず、上質のオトナの男は、余裕があって、キレたり投げやりになったりしないので、その情緒は、おおむねヤ行の中で穏やかに揺れるだけだ。そういえば、余裕も、ヤ行の言葉である。

●女を上げるくちびるの言葉

ヤ行音の中でも、男たちは、あまりユの言葉を使わない。ユは、舌に外向きの強い力を働かすイから、内向きの強い力を働かすウへと舌を変化させる。舌が揺れて、受け入れるイメージを作り出すので、恋における女の情緒を表すのに向いているのかもしれない。

ユはまた、くちびるをキスマークのようにすぼめるので、女が発音するとかわいく、やや扇情的でもある。同じウ段のルやス、フにも、同様の効果がある。

「ゆるしてあげる」は、だから、私はけっこう意識して使う言葉だ。約束を忘れたとき、メールを返さなかったとき、何かの記念日を忘れたとき……つまり、男たちへは、この言葉を使うチャンスは山ほどあるってことだしね。

「夢みたい」「ゆっくり」「ゆるして」「すごい」「すてき」「ふふふ」、くちびるをすぼめる言葉たちを並べていくと、なんだかセクシーな物語が展開していくみたいだ。

私は、「ふ」だけを使うことがある。意味は別段ないのだが、食事を共にしている男が、仕事の算段に気を取られているようなとき、私は、彼の手の甲へ、かすかにふっと息を吹きかけてみる。彼ははっとして、私の元へ戻ってくる。「何考えてるの?」とか「私と仕事、どっちが大事なの」なんてからむ必要もない。かなり、コストパフォーマンスのいい

「言葉」なのである。

●官能と音韻

一文字だけの言葉といえば、私は、男子の使う「な？」が好き。舌を上あごにしなやかに押しつけて、潔く離すナは、強い親しみと、あっさりとした後味を感じさせて、男女間に爽やかな風を起こす。

何かの同意を求めて、「な？」と顔を覗き込まれると、本当にどきどきしてしまう。「きっと、きみならわかってくれるよな」、そんな信頼のもとにある、優しく心を撫でる音韻。けれどこれ、気心知れた女に、男がアニキ風ふかしていう言葉なので、五十過ぎると、なかなか言ってもらえない。私の場合、わずかに三人ほどの男友達限定で、だからとても貴重なのだ。これは、十分、「言葉の飴玉」になりうる。

願わくは、七十代になっても、ぜひ言ってほしいものである。おばあちゃんになって、男子から「な？」と言われる女になれたら、これは、かなりカッコイイことじゃないかしら。

「サシスセソを使うと、仕事ができる感じがして、女にモテる」のは事実だが、サシスセソは官能には使えない。

Ｓ音は口腔表面を滑る音で、口元に風をおこし、体温を下げるので爽やかさを感じさせる。この爽快感やクレバーな印象は、男のモテ要素には違いないが、この「表面だけ」の「冷たい感じ」が、官能の周囲で使われるのには似合わない。「さぁ、そろそろ、さっさと、したくして、さようなら」なんて、身もふたもないからね。それにまぁ、オトナになって、何も女に、わざわざ仕事ができるふりをすることもないんじゃないだろうか。これは、そう、若い男女限定のモテる法則としておこう。

官能のその瞬間、男も女も、ただ言葉を失うだけだ。

しかし、言葉は、官能までの道のりに寄り添い、二人の魂を結びつけてくれる大事なアイテムとなる。人は、言葉に魅力を感じない相手と、本当の官能へはたどり着けないのではないだろうか。

ただし、この場合、記号論的な意味が通じるかどうかは問題じゃない。私は、意味が全く分からないイタリア語でも、十分に口説かれてしまうもの。そこに、温かい息と、しなやかな筋肉の動きがあって、人は言葉を交わす。何語であっても、いたわる言葉には、優しい発音体感の音韻が使われているし、信頼のおける人は、信頼の音韻を紡ぐ。

言葉を感じよう。言葉が、意味を超えてしみじみと胸にしみたなら、その言葉を交わしあった二人は、官能の深い淵に落ちていくに違いないから。というより、そんな言葉をもらえたら、ベッドの出来不出来なんてもうどうでもいいと、女は思っている。ほんとです。

●著者紹介……………………………………

黒川伊保子（くろかわ・いほこ）

㈱感性リサーチ代表取締役社長。奈良女子大学理学部物理学科卒。人工知能エンジニアを経て、脳科学の見地から「市場の気分」を読み解く感性アナリストに。2004年に発表した世界初の語感分析法が注目を浴び、感性研究の第一人者となる。一般社団法人 日本ネーミング協会理事。著書に『女の機嫌の直し方』（インターナショナル新書）、『妻のトリセツ』（講談社+α新書）など。

宝島社新書

いい男は「や行」でねぎらう　いい女は「は行」で癒す

（いいおとこは「やぎょう」でねぎらう　いいおんなは「はぎょう」でいやす）

2012年7月24日　第1刷発行
2022年9月20日　第3刷発行

著　者　黒川伊保子
発行人　蓮見清一
発行所　株式会社　宝島社
〒102-8388　東京都千代田区一番町25番地
電話：営業03（3234）4621
編集03（3239）0928
https://tkj.jp
印刷・製本：中央精版印刷株式会社

ISBN978-4-7966-9897-9